공공미디어의 경제학

Is There Still a Place for Public Service Television?
by Robert G. Picard and Paolo Siciliani (eds.),
ⓒ Reuters Institute, 2013
All right reserved.

Korean Translation Copyright ⓒ 2016 by MAGOBOOKS.
이 책은 공동 역자 손창용을 통해 공동 편저자인 로버트 피카드와 파올로
시실리아니로부터 한국어판 출판 허가를 받았으며, 한국어판 편집본에 대해
BBC 트러스트로부터 확인절차를 거쳤음을 밝힙니다.

방송문화진흥총서 159

공공미디어의 경제학

초판 1쇄 발행 | 2016년 1월 19일

엮은이 | R. 피카드, P. 시실리아니
옮긴이 | 박기성, 손창용, 조진영

펴낸곳 | 마고북스
등 록 | 2002년 4월 19일
주 소 | 서울시 마포구 월드컵북로5길 48-9 (서교동)
전 화 | 02-523-3123 팩 스 | 02-523-3187
이메일 | magobooks@naver.com

ISBN | 978-89-90496-84-3

* 이 책은 MBC재단 방송문화진흥회의 지원을 받아 출간되었습니다.

공공미디어의 경제학

R. 피카드, P. 시실리아니　엮음
박기성, 손창용, 조진영　옮김

마고북스

Is There Still a Place for Public Service Television?

Effects of the Changing Economics of Broadcasting

Robert G. Picard and Paolo Siciliani (eds.)

마고북스

| 차 례 |

1
방송정책 결정의 경제학
그리고 새로운 도전

| 로버트 피카드(Robert G. Picard)

텔레비전을 켤 때마다 드는 생각은 도대체 이 물건이 우리 일상생활을 얼마나 바꿔놓은 것일까 하는 것이다. 누군가는 텔레비전이라면 그저 채널이 한 개였던 때를 기억할 것이고, 또 누군가는 공영방송이라고 하는 채널과 광고가 함께 나오는 채널이 있었던 때를 기억할 것이다. 또 누군가는 돈을 내면 기본적으로 몇 개 채널을 볼 수 있는 방송이나 혹은 돈을 내고 위성방송이라는 채널을 보던 때를 기억하기도 할 것이다. 그 어떤 때를 기억하든 간에 분명한 한 가지 사실은 채널이 계속 늘어났다는 것이다.

조금 더 덧붙이면 디지털화가 되면서 부가적인 서비스도 이용할 수 있게 되었다는 것이다. 동시에 방송의 디지털화로 우리는 유료 서비스를 보기 위해 상당한 돈을 지출하고 있으며, 여러 가지 기기를 통해서 스트리밍 방식의 방송을 볼 수 있게 되었다는 점도 거론할 수 있다.

텔레비전은 더 이상 과거에 우리가 생각하던 식의 협소한 개념으로 이해하기는 힘들게 되었다. 텔레비전은 이전보다 훨씬 넓어진 개념이 되었으며, 텔레비전을 복잡한 기술과 다양한 전송 플랫폼을 통해 이용할 수 있게 된 것이다. 또한 텔레비전은 더 이상 단순한 방송프로그램을 스트리밍하고 선택권 없이 일방적으로 시청하는 것이 아니라, 나중에 찾아서 보기도 하고, 녹화를 하기도 하고, 무료 또는 유료의 주문형 시청형태를 통해 선택해서 보는 시대가 되었다. 나아가 통신이나 인터넷 서비스와 점차 연결되면서 프로그램을 여러 가지로 이용할 수 있는 가능성도 높아지게 되고 방송사업자나 프로그램 제공자, 광고사업자는 물론 다른 시청자들과도 상호작용을 할 수 있게 되었다.

이러한 변화는 정부의 방송정책 대응보다 훨씬 앞서서 일어나게 되어, 규제당국이나 정책결정자들이 방송시장의 변화를 따라가기에 힘이 부치는 결과를 초래하고 있다. 우리가 알고 있는 방송정책의 기본적인 원칙이나 그간의 궤적을 살펴보면, 대개는 100년 전의 기술이나 시장 상황을 토대로 하는 경제학에 기반하고 있다. 때문에 너무나 상황이 다른 오늘날의 현실 속에 있는 정책결정자들은 혼란스럽기도 할 것이다.

영국 텔레비전 시장의 구조나 재무상황을 살펴보아도 1936년 BBC가 정규방송을 내보낸 이후로 급격한 변화를 겪어 왔음을 알 수 있다. 구체적으로 영국의 방송시장 구조는 세 가지 하위 부문으로 구분해 볼 수 있는데, 첫째로 수신료로 운영되는 방송 부문, 둘째로 광고로부터 지원을 받는 방송 부문, 마지막으로 돈을 지불하고 방송을 시청하는 유료방송 부문이 그것이다. 특히 마지막 유료방송 부문은 소비자에게 상당한 수준의 선택권을 제공함과 동시에, 시청자의 관심을 끌기 위한 치열한 경쟁을 하고 있는 사업 분야이기도 하다. 그러나 중요한 사실은 이들 유료방송 사업자는 여타 사업자와는 달리 다양하게 매출을 창출하고 있는 사업자라는 점이다 (Barwise and Picard, 2012).

지난 60년간 방송 분야의 정책 변화를 살펴보면, 주파수의 사용을 확대하고자 하는 동안 시청자들에게 보다 많은 선택권을 제공하고자 하는 시도, 국가가 운영하는 독점적인 방송 제공은 비효율적이며 동시에 경제 발전을 저해한다는 관점 등에 의해 변화되어 왔다(Coase, 1950, 1966). 광고에 의존하는 방송이나 유료방송 등이 급격히 성장해 오고 있는 가운데, 공공서비스방송에 대해서는 존립을 위한 경제적 정당성이 더 이상 유효하지 않다는 식의 비판이 끊임없이 커지고 있다. 예를 들어 수신료에 의존하는 공공서비스방송은 공중이 콘텐츠라는 상품에 영향을 줄 수 있는 시장기제가 작동하지 못하게 하고 있다거나(Peacock, 1986), 나아가 텔레비전 시장을 왜곡하기까지 한다는 비판 등이 그것이다(Peackock, 2004). 공공서비스방송에 대한 미래 진단은 이러한 비판 등에 기반을 두어 BBC의 수신료는 감축되어야 한다는 주장이나(Broadcasting Policy Group, 2004), BBC는 시장이 제공하지 않는 프로그램만을 제공해야 한다거나(Peackock, 2004), 자발적으로 가입하게 하는 방송 서비스로 전환하거나(Broadcasting Policy Group, 2004; Peackock, 2004; Amstrong, 2005), 아니면 BBC 운영부문 중 중요한 부문을 민영화하거나(Broadcasting Policy Group, 2004) 해야 한다고 주장된다. 그렇지 않으면 또 다른 대안으로 이른바 시장이라는 곳에서 제공되지 않는 공공서비스 콘텐츠라는 것을 설정하고, 이에 대한 금전적 지원을 위한 펀드를 만들되, 모든 방송사업자가 경쟁하여 따 가는 식을 주장하기도 한다(Broadcasting Policy Group, 2004; Oliver, 2009; Ofcom, 2007).

물론 이러한 주장에 대해 반론이 있기도 하다. 즉 BBC 등 공공서비스방송은 시민권, 문화, 교육에 중요한 역할을 하는 것은 물론, 방송에 공공이 참여하는 등의 강한 BBC를 유지하게 되면 경제적인 측면은 물론 사회적인 측면에서도 폭넓은 정당성을 가진다는 주장이다(Graham and Davies, 1997; Graham et al., 1999; Helm et al., 2005; Seabright and von Hagen, 2007; and Foster and Meek, 2008).

유료방송이 발전하고, 방송이 디지털로 전환되면서 공공서비스방송에 대한 근본적인 경제적 정당성이 수정되어 온 것은 부인할 수 없다. 즉 한정된 주파수를 사용하는 것이 방송이라든가, 방송을 시청하는 데 돈을 지불하지 않는 사람을 배제해서는 안 된다는 것이다(Barwise and Picard, 2012). 이러한 변화상으로 정책결정자들은 텔레비전 정책을 결정할 때 고민하던 제약인 텔레비전의 시장실패라는 문제에 더 이상 얽매이지 않게 되었다. 따라서 향후 정부는 영국의 방송에 대한 새로운 아이디어를 담은 녹서를 발간할 것이고, BBC 헌장을 검토할 것이며, 이에 따라 새로운 커뮤니케이션법이 제시될 것으로 예상된다. 이 과정에 텔레비전 시장의 구조, 디지털 전송의 늘어나는 역할, 공공서비스방송 또는 BBC의 역할이나 거버넌스, 규모, 재원 등이 논의의 핵심이 될 것이며, 이 중 특히 후자는 BBC 헌장에서 중점 논의될 것이다.

동 보고서는 방송 부문의 변화를 가져오는 주요 동인이 무엇이며, 이러한 동인이 방송이라는 시스템과 서비스 제공이라는 전통적인 기제를 어떻게 변화시킬 것이며, 또한 디지털 전환과 유료방송서비스가 전통적인 방송을 어떻게 변화시킬 것이며, 이러한 변화상이 우리에게 주는 시사점은 무엇인가를 밝히고자 한다. 이러한 변화상은 영국이라는 나라에만 독특하게 나타나는 것이 아니며 전 세계의 텔레비전 시장에서 나타나는 변화상이라는 점에서 중요한 이슈라 할 수 있다.

이러한 근본적인 이슈를 살펴보고 나서, 동 보고서는 다시 영국적인 맥락에서 중요하다고 여겨지는 질문에 답을 하고자 한다. 특히 영국적인 맥락이 중요한 이유는 영국의 정책결정자들이 조만간 어떻게 정책을 바꿔야 될지를 그리고 어떻게 바뀌어져야만 하는지를 고민할 것이라는 점에서 더욱 그러하다. 따라서 동 보고서는 방송이 다른 산업과 어떻게 다르며, 소비자나 시민을 위해 방송시장이 어떤 모습이어야 하는지, 시장기제가 방송에 어떻게 기여하며, 반대로 어떤 제약을 주는지, 그리고 다양한 재원 조달방법 중 어떤 것이 방송시스템을 우리가 생각하는 이상적인 상태로 만드는 데 도움이 되는지에 대한 답을 할 것이다.

동 보고서는 정책결정자들에게 도움이 되고, 공중에게 영국의 방송정책이 다가오는 10년간 어떤 모습이어야 하는지에 대한 보다 나은 결정을 할 수 있도록 관련 지식이나 배경에 대한 설명도 하고자 한다. 앞으로 정책 대안을 둘러싼 논의는 활발해질 것이며, 치열할 것으로 예상된다. 어느 정도 관련 정보를 알고 있는지가 이후에 이루어지는 선택의 질을 높인다는 측면에서 동 보고서가 제시하는 지식과 배경설명은 중요하다 하겠다.

동 보고서는 2013년 1월 BBC 트러스트(BBC Trust)와 함께 옥스퍼드 대학에 소재한 로이터 저널리즘 연구소(Reuters Institute for the Study of Journalism)이 주최한 '방송의 경제학에 관한 심포지엄'의 결과물이다. 심포지엄에는 경제학자, 정책결정자, 현재 재직 중인 방송사 임원들이 모여, 위에서 언급한 근본적인 이슈에 대한 다양한 의견을 개진했다. BBC 트러스트가 행사 경비를 지원하였지만, 연사나 주제의 선정은 로이터 인스티튜트(Reuters Institute)가 하였음을 밝혀 둔다.

심포지엄 이후에는 연사들이 행사 때 발표하고 논의한 내용을 출판하기 위해 각자 개별 주제를 맡아 장별로 작성하였다. 그들은 미래의 텔레비전 특성의 변화는 무엇이며, 방송 규제에 대해 전통적으로 주장되어 온 정당성이나 수단 등과 관련하여 미래의 텔레비전 정책은 어떻게 되어야 하는지에 대한 자신의 관점을 제시하고 있다. 그러나 보고서에서 제시하는 저자들의 관점은 로이터 연구소나 BBC 트러스트의 견해가 아님을 밝혀 둔다.

▌텔레비전의 변화와 공공방송 서비스의 위상

동 보고서는 두 개의 섹션으로 구분되어 있다. 첫 번째 섹션은 텔레비전을 둘러싼 환경에 대해 살펴보고, 다채널 또는 디지털 방송의 발전 등으로 초래된 경제적인 상황 등이 어떻게 달라졌는지를 살펴볼 것이다. 두 번째 섹션은 도대체 공공서비스방송의 미래는 있는 것인지에 대해 살펴볼 것이다. 저자는 텔레비전 규제의 경제학적인 토대 및 이를 둘러싼 논의들과 텔레비전 방송에 공중의 지속적인 참여가 담보되어야 하는지에 대해 살펴보고자 한다.

첫 번째 섹션에서 헬렌 위즈(Helen Weeds) 교수는 현재의 방송 환경은 돈을 지불하지 않으면 시청을 할 수 없는 배제 가능성이 증대되고, 광고의존 방송 및 유료방송의 발전에 따른 소비자의 선택권이 증대되고 있다고 진단한다. 따라서 시장기능은 향상되고 있으며, 방송 규제에 대한 몇 가지 정당성은 사라지고 있다고 주장한다.
또한 위즈 교수는 공공방송은 시장이 제공하지 못하는 것을 제공하
는, 우리 사회에 중요한 외부경제를 제공하고 있는 것은 분명하며,
이러한 맥락에서 오늘날 공중의 방송 참여는 당연히 그 정당성을
가진다고 주장한다. 그러나 이러한 정당성이 곧 사기업들의 활동을
제한하거나, 방송 부문의 투자를 제한하거나, 방송시스템 전체가
생산하는 총 편익을 제한할 정도는 아니라고 주장한다. 따라서 위
즈 교수는 공공서비스방송의 규모와 범위가 이제는 다시 평가되어
야 할 시점이 되었다고 지적한다.

조슈아 갠즈(Joshua Gans) 교수는 텔레비전은 단순한 경제재가
아니기는 하지만, 기술 발전이 텔레비전을 둘러싼 환경에 소비나
재원 조달 방법에 있어 여러 가지 변화를 초래하고 있다고 주장한
다. 또한 그는 텔레비전의 사회적 성격은 디지털 시대를 맞아 더욱
확장되고 있으며, 이는 다시 또 다른 상업적으로 매력적인 기회들
을 만들어 내고 있다는 점에 주목한다.

디어터 헬름(Dierter Helm) 교수는 오늘날의 기술 변화가 과거
의 방송과 오늘날의 방송을 현저하게 분리할 정도인지에 대해 의구
심을 표현하고, 디지털화에 따른 정책 변화가 필요한지에 대해서도
의문을 제기한다. 그는 대부분의 텔레비전과 관련된 시장 실패라는
것은 늘 있어 왔으며, 새로운 방송 환경이 단지 정보 검색이나 제공
과 관련된 부차적인 시장 실패를 야기하는 정도라고 주장한다.

두 번째 섹션에서 조나단 레비(Jonathan Levy) 이코노미스트는

텔레비전은 사회가 추구하는 비경제적인 목적과 연관되어 있기 때문에 여타의 상품이나 서비스와는 달리 특별한 개입이 요구된다고 주장한다. 그는 정책결정자들이 콘텐츠 공급이나 소비에 미치는 영향력은 영국은 물론 미국에서도 줄어들고 있으며, 전통적인 규제 접근방법은 오늘날의 콘텐츠 제공상의 문제를 해결하는 데 적절하지 않다고 주장한다. 방송 부문에서 추구하는 비경제적인 목적은 시민 또는 소비자의 요구에 응답하거나, 공익적 콘텐츠를 생산할 수 있는 유인을 제공해야 한다는 또 다른 차원의 간섭이 요구된다고 주장한다.

앤드류 그레이엄(Andrew Graham)은 방송정책의 역할은 무엇인가에 대한 이슈를 제기하면서 작은 정부 추종 정책결정자들의 정책이 금융, 파이낸스, 미디어 분야에서 비효율적이었다고 주장한다. 방송은 우리에게 익숙한 일상적 상품이 아니며, 계속해서 감시할 필요가 있다는 것이다. 그는 방송은 돈을 내야만 소비할 수 있는 대상이 아닌, 우리가 돈을 지불하는 여부와 관계없이 소비하지 않으면 안 되는 가치재(merit good)라는 측면에서 방송을 소비한다는 것은 보통의 시장 거래와는 다른 형태를 가지며 중요한 사회적, 민주적 기능을 수행하는 것이라고 주장한다.

마리아나 마즈카토(Mariana Mazzucato) 이코노미스트는 공공서비스방송의 존재가 상업방송서비스의 투자를 구축(驅逐)하게 한다는 주장은 공공서비스방송의 시장에서의 촉매 역할을 무시하는 주장이라고 말한다. 즉 공공서비스방송은 투자의 위험성을 줄여 주

고, 사기업이 산업 발전과 기술 발전 및 재원 조달에 기여하게 만드
는 역할을 한다는 것이다. 그녀는 방송을 단순히 시장 실패라는 측
면에서 보지 말고, 텔레비전 시장을 만들어 내기도 한다는 점을 고
려해야 한다고 주장한다. 최적의 방송시스템을 만들기 위해서는 공
적 영역과 사적 영역 간의 협력관계를 고민하여야 한다는 것이다.

　다이앤 코일(Diane Coyle)과 파올로 시실리아니(Paolo Siciliani)
는 공공서비스방송의 정당성 토대인 시장실패를 가져오는 기술적
제한성은 최근의 기술 발전에 의해 제거되었다고 주장한다. 그러나
그들은 디지털 기술이 방송부문에 또 다른 심각한 시장 실패를 초
래하고 있다는 것이 더 중요하며, 계속해서 방송이 가지는 공공재
로서의 특성을 등한시하게 만드는 것이 문제라고 지적한다. 소비자
와 시민은 지속적으로 사회재(social good)로서의 방송에 보편적으
로 접근이 가능해야 한다고 주장한다.

　그들은 디지털 플랫폼을 통해 전송하게 됨으로써 많은 수용자들
에게 제공되어야 하는 이른바 프로그램의 다양성에 대한 투자와,
광범위한 수용자 층에 질적으로 인기 있는 콘텐츠에 대한 투자 상
호간의 적절한 조화가 점점 어려워지고 있다고 지적한다. 코일과
시실리아니는 범위의 경제와 네트워크 효과라는 중요한 원칙에 의
해 작동되는 디지털 시장은 이제 어떻게 하면 경쟁을 유지하면서도
가치사슬상의 새로운 침입자가 들어올 수 있는 기회를 만들 것인가
라는 문제에 직면해 있다고 강조한다.

　마지막으로 개빈 데이비스(Gavyn Davies) 사장은 BBC의 과거

와 미래를 언급하면서 여태까지 BBC는 중요한 사회적 기능을 수행
해 왔다고 보며, 우리 사회는 계속해서 질적으로 우수한 프로그램
에 보편적으로 접근하여 많은 편익을 볼 수 있을 것이라고 주장한
다. 따라서 BBC는 기술적 변화에도 불구하고 여전히 위와 관련된
역할을 수행하여야 하고, 향후 지속적인 서비스 제공을 위해 적정
한 수준의 재원이 필요하다고 주장한다.

　두 번째 섹션의 저자들은 텔레비전 경제학의 특성에 변화가 있어
야 한다고 인정하나, 분명하게 공공서비스방송을 유지하기 위한 지
속적인 간섭 또한 필요하다고 주장하고 있다. 그러나 공공서비스방
송에 대한 이들의 긍정적인 지지는 본질적으로 학문적인 차원이 아
니며, 공공서비스방송을 유지해야 하는지 아니면 제거해야 하는지
에 대한 논쟁에 정책적인 함의를 담고 있는 경향이 있다는 점을 지
적하고자 한다.

　비록 정책 논의를 할 때 논의가 양극화되기도 하며, 실제적으로
정책을 결정할 때는 타협점을 찾기 마련이기도 하지만, BBC의 경
우 아무리 가혹한 비판자라도 BBC를 없애야 한다고 진지하게 주장
하는 경우는 없었다. 또 다른 공영방송 서비스인 ITV의 경우에는
그러한 주장이 있기는 하였다. 그러나 BBC와 관련해서는 현재의
방송 환경에 비추어 BBC의 규모와 범위가 필요한 수준으로 적정한
지에 대한 의문이 지속되는 것은 사실이다. 앞으로 어느 시점이 오
면 이러한 이슈에 대해 보다 진지하게 논의가 될 수는 있을 것이다.

　이 책의 저자들이 제기하는 논의들은 영국의 미래 방송을 다루고

있다는 점에서 중요하며, 이들의 생각은 앞으로의 이슈들을 논의할 때 도움이 될 것으로 생각한다. 향후 결정되는 정책에 대해 어떤 입장을 가지든, 논의되는 이슈의 배경과 다양한 관점을 이해하는 것은 앞으로 영국의 텔레비전 정책을 수립하는 과정에 중요하다는 점을 지적하고자 한다.

❚ 참고문헌 ❚

Armstrong, M. 2005. "Public Service Broadcasting." *Fiscal Studies*, 26: 281.

Barwise, P., and R.G. Picard. 2012. *The Economics of Television in a Digital World: What Economics Tells Us for Future Policy Debates*(RISJ), available at https://reutersinstitute.politics.ox. ac.uk/fileadmin/documents/Publications/Working_Papers/ The_economics_of_television_in _a_digital_world.pdf

Broadcasting Policy Group. 2004. *Beyond the Charter: The BBC After 2006*. Premium Publishing.

Coase, R. H. 1950. *British Broadcasting: A Study in Monopoly*. Longmans Green for the London School of Economics.

_____. 1966. "The Economics of Broadcasting and Government Policy." *American Economic Review*, 56: 440.

Foster, R., and K. Meek. 2008. *Public Service Broadcasting in the United Kingdom: A Longer Term View*(Social Market Foundation), available at http//www.smf.co.uk/files/6513/2317/4 623/SMF_PSB_in_the_UK.pdf

Graham, A., and G. Davies. 1997. *Broadcasting, Society and Policy in the Multimedia Age*. John Libbey Publishing.

Graham, Andrew et al. 1999. *Public Purposes in Broadcasting: Funding the BBC.* University of Luton Press.

Helm, D. et al. 2005. *Can the Market Deliver? Funding Public Service Television in the Digital Age.* John Libbey Publishing.

Ofcom. 2005. *A New Approach to Public Service Content in the Digital Age: The Potential Role of the Public Service Publisher,* Discussion Paper, 24 Jan.

Oliver, M. 2009. *Changing the Channel: A Case for Radical Reform of Public Service Broadcasting in the UK*(Policy Exchange), available at http//www.policyexchange.org.uk/publications/category/item/changing-the-channel-a-case-for-radical-of-reform-of-the-public-service-broadcasting-in-the-uk

Peacock, A. 1986. *Report of the Committee on Financing the BBC,* CMND 9824(Her Majesty's Stationery Office).

_____. 2004. *Public Service Broadcasting without the BBC?* Institute of Economic Affairs.

Seabright, P., and J. von Hagen, eds. 2007. *The Economic Regulation of Broadcasting Markets: Evolving Technology and Challenges for Policy.* Cambridge University Press.

제1부

텔레비전 환경의 이해

2
디지털화, 프로그램의 품질
그리고 공공서비스방송

| 헬렌 위즈(Helen Weeds)

2012년 10월 24일, 아날로그 지상파 텔레비전 신호는 UTV 지역에서 스위치오프되었다.[1] 그리고 영국에서는 2007년 디지털 전환이 완료되었다. 텔레비전 수상기를 가지고 있는 모든 가정은 이제 다채널 TV에 접근할 수 있게 되어, 예를 들어 디지털 지상파 텔레비전을 통해 수십 개의 채널을 보거나, 위성이나 케이블을 통해 수백 개의 채널을 볼 수 있게 되었다. 통신사

---

1) 이전의 Ulster Television.

업자는 자신들의 가입자들에게 텔레비전 서비스를 전송하기 위해
IPTV 플랫폼을 구축하기도 하였다. 또한 많은 가정이 보다 향상된
초고속 인터넷망을 통해 주문형 서비스(VOD: Video on Demand)
나 OTT(Over-the-Top) 서비스와 같은 비선형 서비스도 이용할 수
있게 되었다. 이전에는 텔레비전을 통해서 정보 수요나 오락 수요
를 충족하던 콘텐츠를 인터넷을 통해 다양한 방법으로 제공하게 됨
에 따라 소비자의 선택권은 확대되었다. 텔레비전을 디지털로 완전
히 전환함에 따라 텔레비전 방송이 가지는 경제학을 다시 검토해야
할 시점이 되었고, 동시에 공공서비스방송도 재점검해야 하는 시점
이 되었다.

영국의 공공서비스방송(PSB: Public Service Broadcasting)은
다음과 같은 두 가지 관심영역 차원에 대한 대응 차원에서 살펴볼
수 있다.

- 소비자 관심영역 차원: 시장은 사람들이 보고자 하는 것을
  제공할 것인가?
- 시민 관심영역 차원: 사람들이 보기를 원하는 것을 시장이
  제공하는가? 그리고 그것을 사람들이 보게 될 것인가?

소비자 관심영역 차원은 방송에서 시장 실패가 있을 수 있다고
보고, 따라서 소비자들이 자신이 보고자 하는 것을 제공받지 못할
수도 있다는 점을 인정한다. 시민 관심영역 차원에서 보면 방송은

사회적 목적을 위해 봉사하여야 하며, 따라서 텔레비전 시청은 보통의 개별적인 소비와는 다른 것이라는 점을 인정하다. 이와 같은 사회적 목적에는 개인이나 경제 등에 편익을 제공하는 교육적인 목적이나, 정확한 뉴스 보도와 같은 정보 제공 목적, 민주주의 구성 요소들이 제 기능을 발휘하게 하는 목적 등이 포함된다.

이러한 사회적 목적의 우선순위는 BBC의 리시안 미션(Reithian mission)인 '정보제공, 교육 그리고 오락'에 잘 나타나 있다.[2] 커뮤니케이션법 2003을 보면, 덜 간결하긴 하지만 영국의 공영방송이 가지는 다양한 목적이 제시되어 있다. 이러한 목적에는 모든 관심 사항과 공동체를 아우르는 다양한 프로그램의 제공, 고품질의 프로그램 제작을 위한 투자, 교육적이거나 또 다른 사회적 편익의 증진, 예를 들어 정보를 알고 포용적이게 만드는 일 등이 포함된다. 이러한 목적은 전국적 혹은 지역적으로 생산되는 콘텐츠 등에 주안점을 둔 산업정책과 결부되기도 한다.

영국의 공공서비스방송은 아날로그 이후의 세상을 맞아 수많은 도전에 직면해 있다고 할 수 있다. BBC의 공공서비스를 지탱하고 있는 TV 수신료는 2016년 BBC 헌장을 개정할 때까지 명목 기준으로 보면 동결 상태로 볼 수 있다. 장기적으로 본다면 다채널을 수신

---

[2] 초대 BBC 사장으로 리스(Reith)는 공적 서비스 방송이 담아야 하는 가치를 천명한 바 있다. 1922년 BBC 설립 시 공적 서비스 방송은 정보, 교육, 오락 이라는 가치를 수행해야 한다는 주의 천명으로 이른바 Reithiansim으로 많이 알려져 있으며 전 세계 방송이 수행하는 가치로 간주되고 있다(역자 주).

하는 가정들은 BBC가 가지는 공익적 가치를 보다 더 제공한다는 주장에 거부감을 가질 것이며, 강제적인 수신료 징수 원칙에도 많은 사람이 반대할지도 모른다. 또 다른 공공서비스방송 사업자인 공적 소유 형태의 채널4(Channel4), 사적 운영 형태인 ITV나 Five와 같은 사업자 모델도 광고 수익에 대한 저항 압력으로 미래의 생존 가능성이 위협받고 있는 실정이다. 이러한 상황 전개는 당장은 아니더라도 적어도 가까운 장래에 기존 시스템을 걷어치우거나, 어느 수준까지 축소할 것을 요구할 수도 있다. 이러한 의미에서 다음과 질문을 생각해 보아야 할 것이다. 즉 과연 어느 정도가 적정한 공공서비스방송이 되게 하기 위한 간섭인가 하는 질문, 그리고 공공서비스방송이 영국의 방송시스템에 남아 있으려면 미래에는 어떤 형태로 서비스를 제공해야 하는가의 질문이다.

다음 장에서는 텔레비전 방송이 가지는 공공재로서의 성격과 텔레비전 서비스의 제공에 대해 검토하고자 한다. 세 번째 장에서는 아날로그나 디지털 세상에서 소비자 시장의 실패에 대해 검토하고자 한다. 텔레비전 방송의 시민영역 차원으로 관심을 돌려 살펴보고, 네 번째 장에서는 디지털 전환 이후 공공서비스방송의 영향력을 살펴보고 전체적인 결론을 맺고자 한다.

▌텔레비전 방송의 경제학

텔레비전 방송은 종종 공공재로 설명되어 왔다. 이러한 의미에서 이 장에서는 공공재 자체와 공공재가 시장에서 제공되는 의미에 대해서 살펴보고자 한다.

텔레비전은 공공재인가? 경제학적으로, 공공재는 다음과 같은 두 가지 특성에 의해 정의할 수 있다.

- 비배제성: 돈을 지불하지 않는 사람을 배제하는 것이 불가능하거나 엄두를 못 낼 만큼 비싼 경우로, 소비를 하기 위해 소비자들이 돈을 낼 필요가 없으므로 무임승차의 문제가 야기되기도 한다.
- 소비의 비경합성: 한 사람의 소비가 다른 소비자의 소비 가능량을 감소시키지 않는 경우로, 추가되는 한 사람의 소비자 한계비용이 제로, 즉 0인 경우이다.

공공재는 그 첫 번째 특성으로 인해 시장공급 시 몇 가지 문제점을 야기한다. 즉 텔레비전 방송을 포함한 대부분의 상품은 제공 시 많은 비용이 들게 마련이나, 비배제성으로 인해 소비자에게 요금을 부과하기가 어렵다는 것이다. 시장에 공급하기 위해 든 비용을 보전하기 위해 공급자가 다른 곳에서 수익을 창출할 수 없다면 시장에서 공급은 일정 수준 이하로 제공될 수밖에 없게 된다. 두 번째 특성으로 인해서는 공급의 사회적 최적 수준이 높게 된다는 점을 들 수 있다. 즉 제공되는 상품에 가치를 느끼는 모든 소비자에게, 다시 말해 경제학적인 용어로 긍정적인 지불 용의를 가지는 모든 소비자에게 한계비용이 제로인 분배 효율성이 나타나기 때문이다.

아날로그 지상파방송 시스템은 위에서 언급한 비배제성과 비경합성이라는 특성을 지닌 공공재로서의 서비스 성격을 띠면서 1930년대부터 영국에서 시작되었다고 할 수 있다. 그러나 케이블과 위성방송 시스템이 1980년부터 발전하기 시작함과 동시에 내장형 암호화 기술과 요금을 지불하지 않는 사람을 배제하는 기술들이 활용되기 시작하였다.[3] 디지털 전환이 완료되면서 이제 요금을 내지 않는 사람을 배제하는 것이 불가능한 텔레비전은 영국에서는 찾아볼 수 없게 되었다.[4] 이러한 상황 전개로 공공재의 첫 번째 특성인 비배제성이 무의미하게 되었고, 따라서 텔레비전 방송은 더 이상 공공재가 아닌 것이 되어 버렸다. 그럼에도 불구하고 두 번째 공공재 특성인 비경합성만은 여전히 살아남아, 이를 가지고 또는 경제

---

3) 영국은 1980년대 케이블 독점사업권이 부여되면서 케이블 시스템이 구축되기 시작하였다. 1989년에 영국은 첫 번째 위성방송 서비스인 British Satellite Broadcasting(BSB)과 Sky Television을 개시했으며, 이후 1990년 양 사업자는 British Sky Broadcasting(BSkyB)으로 합병되기에 이른다.

4) 디지털 지상파 방송은 무료 지상파 서비스인 Freeview와 유료 TV 서비스인 Top Up TV가 있다.

학적으로 위에서 정의한 특성과는 다른 측면의 공공재 특성을 가지고 몇몇 사람들은 여전히 텔레비전을 공공재로 설명하기도 한다. 즉 소비를 원하는 모든 소비자들에게 그 서비스를 제공하는 사회적 최적성이 있다는 차원에서 텔레비전은 공공재라고 하는 것이다.

아날로그 방송서비스의 상업적 제공

아날로그 시대에는 소비자들에게 시청에 따른 비용을 직접 부과할 수 없었기 때문에 텔레비전 방송을 제공하는 사업자는 광고 수익에 의존하게 되었고, 위에서 언급한 일정 수준 이하의 공급이라는 문제점을 극복할 수 있었다.[5] 소비자들은 금전적인 요금을 지불하지는 않지만, 결국 프로그램 시청을 방해하는 광고를 보거나, 광고하는 상품을 사는 것을 통해 방송사업자에게 요금을 지불하는 것이라고 볼 수도 있다. 상업텔레비전은 일종의 양면시장인 셈이다.[6]

---

5) BBC는 British Broadcasting Company로 1922년 일단의 라디오 수신기 제작업자들이 모여 세운 상업적 단체가 중심이 되어 시작되었고, 라디오 수신기를 팔아먹기 위한 라디오방송 송출이 이들의 목적이었다고 할 수 있다. 따라서 영국에서의 첫 번째 (라디오)방송은 장비 판매를 통한 수익에서 지원이 가능했던 것이며, 방송과 관련된 무임승차 또한 문제가 되지 않았던 것이다.

6) 양면시장은 서로 다른 네트워크 효과와 관련을 가진다. 즉 서로 다른 이용자 집단이 존재하고 이들이 하나의 플랫폼을 중심으로 각각의 네트워크 효과를 발휘하며 작동하는 시장을 말한다. 예를 들어 신용카드가 양면시장의 예인데 이 경우 카드 소지자와 상인이라는 상이한 집단이 존재하고 각각의 네트워크 효과가 있는 것이다. 카드 소지자의 경우 카드를 많이 취급하는 상인을, 반대로 상인의 경우 카드 가입자가 많은 신용카드를 선호하게 되는 것이다(역

즉 방송사업자는 시청자들의 관심을 끌기 위해 프로그램을 보여주
고, 광고주에게는 방송시간을 경쟁을 통해 제공하여 결국은 일종의
시장행위가 일어난다는 측면에서 그러하다. 이런 형태로 광고수입
에 의존하는 상업적인 무료 지상파 텔레비전은 상당한 규모의 방송
사업을 유지할 수 있게 된다. 그러나 광고에 의존하는 방송은 시청
자들을 위한 최적의 결과물을 내놓는다는 보장이 없다는 것이 문제
이다. 이에 대한 상세한 분석은 세 번째 장에서 다루고자 한다.

수신료 의존 방송

여타의 자금조달원이 없는 경우 많은 공공재는 세금 부과를 통해
제공되게 마련이다. 물론 이 경우에도 비용이 소요된다. 경제적 왜
곡을 일으키지 않는 세금 부과는 거의 없으며, 대부분 노동이든 저
축이든 바람직한 경제적 행위에 세금이 부과됨에 따른 왜곡현상이
발생하기 마련이다. 몇몇 국가는 일반 세금을 사용하기는 하지만,
가장 보편적인 방법은 영국의 경우도 그렇지만 TV 수상기를 보유
한 세대에게 TV 수신료를 징수하고 이를 통해 공공방송 사업자에
게 전부 또는 일부를 보전하는 지원 형태를 취한다.[7] 이러한 수신
료의 성격은 목적세 또는 의무가입비 등 여러 가지 개념으로 간주

자 주).

[7] TV 수신료 시스템은 수신료 징수를 거부하는 사람이 있을 수 있다는 문제점
을 극복할 수 있다고 보기 때문에 가능하다. 즉 암호화 기술을 사용하지 않
는다고 해도 벌금을 부과하는 식을 통해 얼마든지 극복할 수 있기 때문이다.

되기도 한다. 수신료는 세금의 한 형태이며, 가구의 소득과 관계없이 지불해야 하고, 세액이 동일하다는 점에서 TV 수상기를 소유하지 않는 가구를 제외하고는 역진세의 성격도 지닌다.

　수신료 형태를 지지하는 사람들은 종종 한계비용에 가격이 맞춰진다는 점에서 바람직하다고 주장한다. 즉 수신료의 경우 한계비용은 제로이며, 일단 수신료를 지불하게 되면 소비 시점에서 비용은 제로이기 때문이라고 본다. 이와 유사한 맥락으로 페이퍼뷰를 제외한 유료방송에 대해서도 설명이 가능하다. 즉 일단 유료방송 가입비를 지불하면 소비 시점에서 비용은 제로이기 때문이다. 그러나 일반적으로 소비는 최초 시점에 미리 수신료를 낸다는 점에서 공짜가 아니라고 볼 수 있고, 따라서 수신료는 가입비와 유사한 성격을 지닌다고 할 수 있다. 이런 측면에서 경제적 왜곡현상을 초래한다. 즉 수신료를 지불하고 TV를 시청해야겠다고 생각하지 않는 일부 가구가 존재하기도 하고, 한계비용 제로인 상태에서 시청이 가능한 경우에도 수신료가 면제되지 않는 가구가 존재할 수 있다. 그러나 텔레비전의 보편적 서비스 관점에서 본다면 위와 같은 비효율성은 상대적으로 작다고 하겠다.[8]

　잠재되어 있으면서도 중요한 비효율성은 수신료가 유료방송과 공존하고 있는 경우에 발생한다. 유료방송사업자의 패키지에 가입

---

8) BARB(Broadcasting Audience Research Board)에 따르면, 영국 국내 2천 740만 가구 중 2천650만 가구가 2013년 1월 기준 TV 수상기를 보유하고 있다. 비율로는 96.7%에 해당한다.

하고자 하는 소비자 역시 공공 채널을 보고 싶지 않음에도 불구하고 수신료를 지불해야 되는 경우이다. 이러한 현상은 유료방송과 관련된 소비자의 선택권을 왜곡시키는 것이다.[9] 소비자가 유료방송 패키지만을 구매하는 경우를 상정해 보자. 수신료를 통한 방송이외에 유료방송 패키지를 구매하려는 지불 의사가 증대되기는 하지만 너무 작다면, 아마도 그 패키지를 소비하는 데서 배제될 것이다. 즉 이는 분배 비효율성의 한 형태가 될 것이다. 반대로 소비자가 패키지에 가입할 정도로 지불 의사가 높다고 해도 어느 정도의 잉여는 공공방송 사업자에 전이되기 마련이다. 즉 공공서비스방송에 가치를 부여하지 않는 소비자의 경우도 그러하고, 유료방송 서비스를 제공하는 데 이용될 수도 있는 자금을 감소시키는 분산효과가 발생한다는 측면에서도 분배의 비효율성은 나타난다. 비효율성은 또한 수신료가 가지는 강제적 성격으로 인해 생기기도 한다. 두 가지 종류의 서비스 중 하나를 선택하든, 혹은 둘 다 선택하든 자유롭게 선택한다기보다는 결국 공공 채널만을 보거나 아니면 공공 채널을 보고 그 외에 유료방송을 보거나 하는 두 가지 선택지밖에 없는 것이다. 즉 유료방송만을 선택하고자 하는 소비자는 그렇게 할 수 없으며, 벌금 등 제약으로 인해 곤란한 상황에 처하게 된다. 얼마나 많은 잠재적 가입자들이 어차피 지불해야 하는 수신료 때문에

---

9) 이와 같은 왜곡을 보여 주는 소비자 선호의 현시는 Armstrong and Weeds (2007a), s.3.1.에 잘 나타나 있다.

유료방송 가입을 주저하는지, 또 어느 정도 관련 유료방송 수입이 감소하는지 분명하지 않지만, 수신료가 가져오는 이러한 효과가 결코 작은 것은 아니다.

유료방송

위에서 언급하였듯이, 암호화 기술을 사용하거나 또는 다른 배제 방법을 사용하게 됨에 따라 공공재의 첫 번째 특성은 더 이상 텔레비전 방송에는 유효하지 않게 되었다. 즉 비용을 지불하지 않는 사람은 적정한 비용만 들이면 배제할 수 있게 된 것이다. 이러한 방법과 함께 상업방송 사업자의 경우 광고 수입에 의존하지 않고도 자신의 서비스에 대해 시청자들에게 직접 요금 부과를 할 수 있고 이를 통해 자금을 조달할 수 있게 되었다. 이런 상황 변화는 유료방송 모델이 효율적으로 텔레비전 방송을 제공할 수 있는가라는 질문을 우리에게 던진다.

텔레비전 프로그램은 제작을 완료한 첫 번째 카피에는 높은 비용이 들어가도 일단 제작이 완료된 후에는 이용을 원하는 소비자에게 들어가는 추가적인 비용은 거의 발생하지 않는다. 전송 플랫폼들의 경우에는 높은 고정비용을 부담하게 된다는 특징이 있다(예를 들어 방송을 송출하기 위해서는 지상파의 경우 마스트 혹은 위성중계기가 필요하고, 송출된 신호를 수신하기 위한 지상파 또는 접시 안테나가 필요하다). 그러나 소비자의 입장에서는 수신 안테나 등을 한 번 설치하면 추가비용 없이 수많은 채널을 수신할 수 있게 된다.[10)]

높은 고정비용과 제로에 가까운 한계비용이라는 위와 유사한 비용 구조는 여타 창조산업 분야에서도 발견된다. 예를 들어 영화, 음반 분야가 유사한 비용구조를 가진다고 할 수 있다. 이러한 비용구조 는 극복하지 못할 정도는 아니지만 시장가격을 형성하는 데 어려움 을 야기한다. 즉 개인적이든 사회적이든 가장 바람직한 가격 형성 은 지불 의사가 있는 모든 소비자에게 공급이 이루어지고, 상품을 제공하는 데 소요된 고정비용에 대해 기여한 만큼의 잉여를 각자가 가져가는 형태라는 점에서 그러하다.

전형적으로 시장에서의 공급은 가격차별을 통해 바람직한 가격 형성을 만들어 가게 된다. 즉 공급자는 유사한 상품을 개별 소비자 에게 소비를 촉진할 목적으로 서로 다른 가격에 제공하게 되는데, 이를 통해 공급자는 고정비용을 보전하는 데 필요한 수익을 창출하 게 된다. 유료방송의 경우 가격차별은 전형적으로 결합상품을 통해 이루어진다. 즉 채널들(또는 점차 증대되고 있는 비선형채널들 포 함)을 패키지로 묶어서 한 종류의 가입비를 받고 판매한다. 소비자 들이 서로 다른 패키지를 선택하거나 기본 패키지에 높은 계층의 프리미엄 채널을 추가하는 옵션 선택권이 있기는 하지만, 결국 묶 여진 개별 채널들(혹은 다운로드 포함)을 기본적으로 선택하는 것

---

10) 그러나 IPTV나 OTT(over-the-top)의 경우는 사정이 좀 다르다. 인터넷 트 래픽이 증가하게 되면 그에 따른 비용이 발생하게 되고, 특히 전송 용량에 제한이 있어 하루 중 어느 때에 트래픽이 몰리는 경우에는 많은 소비자의 경우 한 달에 허용된 초고속 사용량의 용량 초과에 직면하게 되기도 한다.

이 일반적인 형태이다. 결합상품에 대해 경제학적으로 살펴보면, 2
차적 가격차별화가 이루어지는 위와 같은 형태는 한계비용에 따라
가격을 설정하는 데서 야기되는 문제를 극복하면서 그나마 효율적
인 분배를 이룰 수 있는 것으로 본다.[11]

비용을 보전하는 이상으로 가격을 설정하게 되면 다음과 같은 이
유에서 소비자 가격 설정에 더 많은 편익이 돌아간다. 시장에서 가
격이라는 신호는 공급자에게 소비자들이 가장 높게 평가하는 상품
이 무엇인지를 알려주는 기능을 수행한다. 이러한 소비자 가격의
정보 제공 역할은 특히 TV 방송에서 중요하다고 할 수 있다. 즉
소비자는 다양한 기호를 가지고 있고 이러한 기호는 시간의 흐름에
따라 변하기 마련이다. 만일 시장가격이 존재하지 않는 소비자 조
사와 같은 다른 기제를 이용한다면 엄청난 규모의 진정한 소비자
선호도를 알기는 어려울 것이다. 더욱이, 시장기제와 무관한 조직
이 있다고 하면 아마도 그러한 조직은 소비자의 수요를 무시하기가
쉽고, 소비자의 수요보다는 자신들의 선호만을 충족시킬 것이다.
따라서 경쟁적 시장의 의미는 혁신의 유인을 제공하고 비용의 효율
성 제고를 위한 유인을 제공한다는 데 있는 것이다.

TV 방송과 유사한 비용구조를 가지고 있는 산업인 영화나 음반
산업[12]의 경우는 시장기제는 있으나 심각한 공적 개입이 없는 산업

---

11) Coase(1946)는 2차적 가격차별화 형태인 다부제 요금(multi-part tariffs)이
   한계비용 논란을 해소하는 해결책이라고 주장한다.

이라는 특징을 가진다. 이러한 산업 역시 분배의 비효율성을 완화하기 위해 가격차별화를 사용한다. 즉 영화에서의 창구효과라는 것도 기간에 따른 가격차별(inter-temporal price discrimination)이고, 이를 통해 높은 지불 의사를 가지고 있는 소비자는 맨 처음 상영 시에 기꺼이 영화를 관람하고자 하며 따라서 차후의 상영 시점에 관람을 하고자 하는 사람보다 영화 관람에 더 많은 비용을 지불하게 된다.[13] 기간에 따른 가격차별화 방법이 사회적으로 최적의 결과를 정확히 가져오지는 않지만, 공공서비스방송과 유사한 공공재 공급 형태를 지니는 산업 내에서는 시장경제 하의 공급형태로 대체하거나 아니면 이를 보완하는 방법 이외에 제시된 방법은 없는 것이 현실이다. 특히 공공서비스방송의 경우 일반적인 방송과 마찬가지로 여타 창조산업과 유사하게 높은 고정비용과 낮은 한계비용이라는 비용구조를 가지는 것은 물론이고 정도는 그 이상이라 하겠다.

---

12) 21세기 초반의 음반산업이 직면하게 되는 위기는 대부분 디지털화된 음반을 무단으로 복제하는 데서 시작된다. 이와 같은 불법복제 즉 비인가된 재생산과 그에 따른 비용을 지불하지 않는 행태는 폭넓게 확산되었다. 이러한 의미에서 음반산업은 이제 TV 방송이라기보다는 공공재의 특성을 더 많이 지니게 되었다고 할 수도 있을 것이다. 이에 대한 대응으로 DRM(Digital Rights Management)과 같은 접근통제 기술이 불법복제 또는 배포를 방지하기 위해 사용되고 있다.

13) 차후로 소비를 늦추는 경우에도 일정 부문 비효율이 발생하기는 한다는 점을 밝혀 둔다.

▌TV 방송의 소비자 시장 실패

아날로그 시대에도 시장을 통한 TV 방송의 제공은 방송이 가지는 공공재의 특성으로 인해 손상된 적이 없다. 광고주는 시청자에게 접근하기 위해 기꺼이 비용을 지불하였고, 이를 통해 발생한 수익은 TV 방송에 소요되는 상당한 금액을 지원하였다. 그러나 무료 지상파 상업방송의 경우 제공하는 프로그램의 특성들이 시청자의 선호를 만족시켰느냐는 질문에는 확답하기 어려운 것이 사실이다. 우선 TV 프로그램을 보는 소비자에게 중요한 세 가지 측면은 다음과 같다.

- 다양성: TV 프로그램에는 많은 장르가 있다. 즉 개별 소비자들은 서로 다른 선호를 가지기 마련이고 따라서 개별 소비자들이 선호하는 프로그램은 다양하다.
- 품질: 각 장르별로 소비자들은 최상의 품질을 가지는 프로그램을 선호하다. 예를 들어 드라마의 경우 더 좋은 연기, 액션 영화의 경우 더 특별한 효과, 뉴스 보도의 경우 보다 빠르고 보다 정확한 뉴스 등이 그것이다.
- (보다 적은) 광고: 일반적으로 소비자는 광고를 귀찮아하고, 중간에 방해 없이 선택한 프로그램을 시청하고자 한다(단 시청자들이 녹화장치를 통해 광고 시청을 기피한다면, 무료 지상파 상업방송은 유지할 수 없다는 점은 인정해야 한다).

아날로그 방송 시대의 시장 실패

비배제성 이외에 영국의 아날로그 지상파 방송은 또 다른 중요한 특성을 가지고 있다. 즉 방송에 이용될 수 있는 제한된 주파수 자원 이 그것이다. 이와 같은 제한된 주파수 자원으로 인해 단지 몇 개의 TV 채널만이 방송될 수 있었고, 아날로그 시스템 하에서는 많아야 5개정도밖에 송출될 수 없는 아날로그 방송은 이제 종료된 것이다. 한정된 주파수 자원으로 인해 소비자의 선택권은 손에 꼽을 정도의 프로그램 안에서 제한을 받을 수밖에 없었다.

1950년대 문헌을 살펴보면(예를 들어 Steiner, 1952; Beebe, 1977; Spence and Owen, 1977), 방송분야 경제학은 무료 지상파 나 제한된 채널을 제공하면서 광고에 의존하는 방송들의 시장성과 를 평가하는 데 그치고 있다. 이 보고서의 결론 부분에서도 논의가 되어서(자세한 내용은 Armstrong and Weeds, 2007a 참조), 여기 서는 짧게 요약하고자 한다. 아날로그의 무료 지상파 방송은 그 규 모는 작으나 수요는 강한 소수집단의 요구는 충족하지 못하지만, 다양한 프로그램들 중 최소공배수 성격의 프로그램 제공을 통해 대 중적인 시장(mass market)에 초점을 두기 마련이다. 다시 말해, 프 로그램의 다양성은 빈약할 수밖에 없다. 즉 광고에 의존하는 방송 사업자는 주로 시청자의 크기라는 핵심사항에 관심을 가질 수밖에 없다. 따라서 소비자가 생각하는 콘텐츠의 가치보다는 어느 지역의 특정 집단이 가지는 선호도가 중요해진다. 이는 보다 높은 품질의 프로그램에 소비자의 지불 의사를 이끌어내지 못한다는 것으로, 사회적 측면에서 보면 프로그램에 대한 투자가 너무 낮다는 것을 의미하고, 소비자의 관점에서 보면 너무 많은 광고가 붙는다는 것을 의미하다.

1930년대 이래 영국에서 발전해 온 공공서비스방송 시스템은 아날로그 지상파 방송의 시장 실패에 대한 반작용이라고 할 수 있다.[14] 공공서비스방송 시스템은 영국법제 하의 규제와 두 개의 EU 지침을 따라야 한다. '커뮤니케이션법 2003(The Communication Act 2003, 이하 커뮤니케이션법)'은 광범위한 주제를 다루어야 하고, 많은 수용자와 이해 관계자의 수요를 만족시켜야 하는, 즉 다양성을 추구하여야 하고, 콘텐츠와 제작 모두 높은 품질 기준을 충족해야 한다는, 통칭하여 공공서비스 프로그램(public service programmes)을 요구하고 있다.[15] 광고에 할당되는 방송 시간의 양과 방송 편성은 1989년 채택된 '국경 없는 TV 지침(TVWF: Television Without Frontier)'을 개정하여 2007년 채택된 '시청각미디어서비스 지침(AVMS: Audiovisual Media Service Directive)'을 따르도록 되어 있다.[16] 이러한 규제들이 결국 의도하는 것은 위에서 언급

---

14) 공공서비스 텔레비전 방송이라는 영국의 시스템은 1930년대 BBC의 텔레비전 서비스로부터 시작된다. 이후 1955년 상업텔레비전인 ITV가 도입되고, 1982년에 아날로그 채널인 채널4(Channel 4, 웨일즈의 경우 S4C)와 1997년 Five가 도입된다. 1990년대 부가적인 디지털로만 전송되는 BBC채널이 도입되었다.

15) 커뮤니케이션법 Part3, Chapter 4, para. 264(4) 참조.

16) AVMS 지침에 따르면, 광고는 이전과 같이 시간당 12분을 초과할 수 없다.

한 시청자의 선호도에 부응하여, 보다 많은 다양성을 확대하고, 프로그램의 품질 제고를 기하며, 과도한 광고를 제한하기 위함이다.

디지털 시대의 텔레비전 방송

보통 이야기하는 '디지털화'라고 하는 기술적인 변화는 텔레비전 방송을 두 가지 측면에서 변화시켰다. 첫째는 모든 전송 플랫폼들이 요금을 지불하지 않는 사람을 배제시킬 수 있게 됨에 따라 상업방송 사업자들이 직접 시청자에게 요금을 청구할 수 있게 되었다는 점이다. 둘째는 디지털 신호가 이용 가능한 주파수 즉 전송매체를 확대시켰다는 점이다. 따라서 방송할 수 있는 채널의 수가 획기적으로 증대되었다.[17]

이러한 획기적인 기술의 발전은 텔레비전 방송의 경제학을 송두리째 흔들어놓게 되었다. 최근의 텔레비전 방송의 경제와 관련된 문헌들은 위와 같은 기술적 변화에 따른 시장성과가 어떻게 달라졌는지 평가하고 있다.[18] 이러한 문헌들이 제시하는 모델들은 보다

그러나 TVWF 지침에 의한 1일 광고시간인 3시간이라는 규제는 철폐되었다. 방송사업자들이 가장 적절한 시간대에 광고를 삽입할 수 있는 대부분의 프로그램의 경우, 35분당 1번의 광고라는 규제를 받는다.

17) 그러나 전송 플랫폼 간에 상대적으로 전송 용량에는 차이가 여전히 있다. 예를 들어 디지털 지상파방송(DTT)에 비해 위성이나 케이블은 전송 용량에서 훨씬 뛰어나다.

18) 자세한 내용은 Anderson and Coate(2005); Choi(2006); Amstrong and Weeds(2007a); Armstrong and Weeds(2007b); Seabright and Weeds

확대된 다양성, 보다 높은 프로그램 품질에 대한 시청자들의 선호와 광고에 대한 기피 등을 분석하고 있다. 또는 이러한 모델을 통해 주어진 소비자의 선호와 비즈니스 모델(즉 무료지상파이거나 유료방송 등) 하에서, 경쟁하고 있는 방송사업자들 중에서 소비자들이 어떠한 선택을 하는지를 분석하고 있다.

상기의 문헌들이 제시하는 결과물을 살펴보면 다음과 같다. 디지털화로 인한 유료방송의 경우 시청자 측면에서 최적 수준이라거나 혹은 이에 근사한 수준의 프로그램 결과물을 산출하는 것으로 분석하고 있다. 이는 시청자들에게 직접 요금을 부과함으로써 방송사업자들의 인센티브와 소비자의 인센티브의 연관성이 광고 수익에만 의존하는 경우에 비해 보다 더 높아지게 되기 때문이다. 유료방송을 무료 지상파 방송과 비교해 보면, 시청자 자신들이 원하는 프로그램에 대한 지불 의사의 경우, 프로그램의 다양성을 높였으면 하는 강한 선호도를 가진 소규모 집단이 자신들이 원하는 프로그램에 대한 지불 의사가 있었다. 프로그램의 질의 경우에도 유사한데, 즉 주어진 수용자 크기에 걸맞은 수준의 방송 품질을 제공하는 경우 지불 의사가 있었다. 방송사업자는 광고 시간의 제한과 시청 행위에 방해가 되는 광고 간의 균형을 통해 수입을 얻는다. 비록 프로그램의 결과가 시청자 최적에 근사한 경우에도, 시청자가 반드시

(2007); Peitz and Valletti(2008); Crampers et al.(2009)과 Weeds(2012) 참조.

비용을 지불한 만큼 더 좋은 편익을 가져간다고 할 수는 없다. Armstrong과 Weeds(2007a)에 따르면, 프로그램의 질을 제고할 가능성이 거의 없다면 무료 지상파 방송 하에서 시청자들이 더 편익을 본다고 하고, 다양하게 프로그램의 질을 제고할 수 있는 경우라면 유료방송 하에서 더 편익을 본다고 주장한다.

이제 디지털화를 통해 수많은 방송 채널을 전송할 수 있게 되어 기존의 주파수 용량의 한계를 극복할 수 있게 되었다. 또한 주파수 용량의 한계에 따른 문제점인 다양성 제고와 관련된 근본적인 문제도 완화되었다. 무료 지상파의 경우에도 채널 수가 증대됨에 따라 방송사업자들은 대중 시장을 더 세분화하는 것보다는 틈새 수용자들을 대상으로 하는 것이 더 이윤이 높다는 것도 알게 되었다. 그러나 다양성과 품질 간에는 상쇄관계가 발생한다. 즉 수용자를 많은 채널에 걸쳐 세분화하게 되면 프로그램의 질을 떨어뜨리기 마련이다. 이는 제작비가 시청자의 수와는 무관하기 때문이다. 만일 품질을 올리려고 하면 시청자의 수가 증대됨에 따라 이윤이 늘어나겠지만 고정비는 발생하기 때문이다. 따라서 대규모 수용자 집단의 경우 사업자의 입장에서는 프로그램의 질에 투자할 유인이 그만큼 커지게 된다. 그러므로 프로그램의 질과 다양성은 함께 평가되어야 한다. 만일 채널사업에 진입하려는 자가 과도하게 많으면 다양성은 높아질 것이나 프로그램의 질은 떨어지게 될 것이다(진입하려는 자가 적은 경우에는 그 반대가 될 것이다). 조사 결과를 보면 접근 모델에 따라 차이가 보이기는 한다. 예를 들어 진입에 제한이 없고

차별화된 상품을 사용한 Salop(1979) 모델의 변인을 사용한 조사
인 Armstrong과 Weeds(2007b) 연구는 내적인 품질 변수가 진입
사업자의 과도한 증가를 가져온다고 한 반면, Weeds(2012) 연구는
과도한 진입 변인이 완화된 결과를 보여 주기도 한다.

제한된 주파수 용량이라는 한계와 광고에 의존한다는 특성을 가
지는 아날로그 방송의 경우 프로그램의 질과 다양성을 제고하여야
하고, 광고를 줄여야 하는 등의 공적인 관여가 정당성을 가지게 된
다. 그러나 이러한 정당성이 디지털 방송의 경우에도 그대로 적용
되지는 않는다. 다채널의 유료 TV의 경우 광범위하게 최적의 프로
그램 결과물을 제공하고 있다. 시장과 사회적 최적 결과가 일치하
지 않는 경우에도, 시장 실패라고 단정하기에는 그 범위나 방향 등
이 명확치 않기도 하여 관여를 하는 데 문제가 발생한다. 즉 규제자
와 비시장적 특성을 지닌 진입자가 반드시 더 잘할 것이라는 보장
이 없기 때문이다. 디지털 환경 하에서의 소비자에게는 시장 실패
가 텔레비전 방송에 공적인 관여가 필요하다는 토대를 더 이상 제
공하지 않는 것이다.

▌ 시민 차원과 공공서비스방송의 영향력

디지털환경 하에서 공공서비스방송은 텔레비전 방송에서 요구되
는 시민이라는 차원에 중점을 두어야 한다. 텔레비전은 광고주가

인정하는 다수의 시청자들에게 메시지를 전송하는 강력한 매개체
이기 때문이다. 어떤 프로그램은 교육적인 목적에 봉사하여야 하는
데, TV 시청을 통해 다른 사람들에게 도움이 되는 스킬, 즉 의학
드라마를 통해 구명 기술을 가르쳐 주거나, 민주주의의 원활한 작
동을 위해 중요하다고 여겨지는 우리의 일상사에 대한 보도나 논평
을 제공하기도 한다. 또는 어떤 사람들이 주장하듯이 사회적 통합
을 위해 대중적인 텔레비전이 기여를 하기도 하며, 이른바 워터쿨
러(water-cooler) 효과[19]를 통해 사회에 대한 이해가 가능하기도
한 것이다.[20] 이러한 편익의 정도나 중요성에 대한 논의가 뜨거운
것은 사실이나, 디지털시대에도 여전히 텔레비전 방송에 대한 어느
정도의 관여가 필요하다는 정당성이 존재한다.

긍정적 외부성의 사회적 편익

경제학적으로 살펴보면, 방송을 통한 사회적 편익은 소비자가 시
청하고, 시청한 프로그램에 따라 반응하는 이른바 긍정적 외부성으

---

19) 우물가 정담 효과로 번역되기도 하며 사무실에 워터쿨러가 있으면 아무래
도 사람들이 모이게 되고 사적인 대화가 활발해진다는 것이다. 미디어와
관련해서 인터넷을 통한 미디어에 대한 사람들의 대화나 소통이 방송의 시
청률을 높이기도 한다는 것이다(역자 주).

20) 영화나 인기 있는 음악은 마지막 단계에 이르러서는 직장에서 무리지어 이
야기하는 접점이 되기도 한다. 텔레비전과는 달리 영화 장면이나 라이브
콘서트에서의 경험을 공유하는 기회가 되는 것이다. 그러나 이러한 공유현
상은 공적 관여의 주요 대상이 되지 않는다.

로 특징지을 수 있다. 물론 텔레비전 시청 프로그램이 폭력물일 수도 있고, 그에 따른 폭력적 행태의 증대라는 부정적 외부성이 나타날 수 있음은 물론이다. 그러나 미시경제학적인 측면에서 긍정적 외부성이 있는 상품은 시장을 통해서는 잘 유통되지 않는 경향이 있다. 그 이유는 구매자와 판매자 간의 거래가 서로에 대한 편익을 분명하게 보여 주지 않기 때문이다.21) 따라서 만일 외부성이 내부화되지 않는다면, 사회적으로 유익한 프로그램 공급을 증대하기 위해 혹은 반대로 유해한 프로그램을 제한하기 위한 공적 관여가 있게 되는 것이다.

위와 같은 논리 하에 공적 관여의 정당성은 목표지향적 접근을 취하게 된다. 즉 공적 자금은 사회적 편익을 제공하는 프로그램 제작에 사용되고, 동시에 가능하면 광범위하게 전달되어야 한다는 접근이 그것이다. 이러한 접근은 영국의 기본적인 공공서비스방송 시스템과는 다소 상이하게 보이기도 한다. 즉 대중적 오락 프로그램과 같이 수신료로 지원되는 대부분의 프로그램이 긍정적 외부성을 거의 창출하는 것 같지도 않고, 텔레비전을 소유하지 않고 따라서 수신료도 내지 않는 개인의 경우 다른 사람들의 소비를 통해 창출되는

---

21) 외부성이란 시장에서의 어떤 행위가 제3자의 경제적 후생에 영향을 미치지만 그에 대한 보상이 이루어지지 않는 경우를 말한다. 긍정적 외부성이 있는 경우 생산자의 입장에서 보면 자신이 생각하는 제공 편익이 시장에 실제로 제공되는 편익보다 적다고 인식하고 그에 따라 생산량을 줄이게 된다는 것이다(역자 주).

사회적 편익을 공유하면서도 전혀 기여하는 것이 없기 때문이다.

공공서비스방송의 효과성

긍정적인 사회적 외부성으로 인해 공공서비스방송은 큰 도전에 직면해 있다. 사회적으로 유익한 프로그램이 제작되고 방송되는 것만으로는 더 이상 충분하지 않다. 즉 그러한 프로그램이 시청되어야 하는 것이다. 프로그램을 시청하는 사람이 거의 없다면 이는 프로그램이 전하려는 메시지를 들은 사람이 없다는 것으로 어떤 사회적 편익도 창출되지 않는 것이 된다.

특히 디지털 방송으로 인해 공공서비스방송의 주목(attention)과 관련한 문제가 발생하고 있다. 모든 텔레비전 시청 가구가 다채널 TV를 시청하고, 많은 사람들이 비디오 및 관련 콘텐츠를 인터넷을 통해 이용하거나 OTP(over-the-top) 서비스를 통해 접근하고 있는 실정이다.[22] 이전보다 많은 선택권이 확보된 상태에서 이제는 사회적으로 유익한 프로그램이 실질적으로 시청되고 있다고 장담하기 어려운 상황이다. BBC 방송 초기에는 이러한 문제점이 야기되지 않았다. BBC는 방송시장에서 독점상태였고, 시청자는 TV를 끄는 것 외에는 다른 선택권을 가지지 못했던 것이 사실이다. 그러나 다

---

22) OTT는 서비스 제공 사업자의 전용망 또는 IPTV망이 아닌 일반 인터넷망(Open Internet)을 통해 영상 등 콘텐츠를 제공하는 서비스를 말한다. 애플, 아마존 등의 인터넷을 통한 동영상 서비스 등이 이에 해당하며 셋탑을 통한 서비스 OTT 서비스를 협의의 OTT 개념으로 보기도 한다(역자 주).

양한 텔레비전 및 미디어 제공사업자가 경쟁하는 오늘날에는 공공
서비스방송의 효과성이 당연히 담보되기 어려운 것이 현실이다.
ITV의 사장이기도 한 리처드 아이어(Richard Eyre)는 이러한 상황
을 다음과 같이 명쾌하게 설명하고 있다.

> 학교에서 코카콜라 구매가 가능하고, 그것을 더 선호하고, 구매할
> 능력이 있어서 코카콜라를 나가 사 먹는 경우에는 무상 우유급식은
> 아이들에게 무의미한 것이 되고 만다. 이러한 의미에서 공공서비스
> 방송은 조만간 사멸할 것이다.

만약 공공서비스방송이 사회적 목적을 달성하는 데 여전히 효과
적이고자 한다면, 다음과 같은 두 가지 조건을 충족하여야 할 것이
다. 첫째, 사회적으로 유익한 프로그램은 소비자들이 다른 어떤 프
로그램보다 그러한 프로그램을 선택할 수 있을 정도로 소비자에게
매력적이어야 한다는 것이다. 이는 광고시장에서의 제품 간접광고
(product placement)와 유사한 접근방식이라고 할 수 있다. 2004년
문화부 장관인 테사 조웰(Tessa Jowell)은 공공서비스방송에 대한
기존의 광범위한 관점을 비판하며 다음과 같이 언급한 바 있다.[23]

---

23) Richard Eyre, "Public Interest Broadcasting — A New Approach," Mac
   Taggart Lecture at the Edinburgh International Telvision Festival, 27
   Aug. 1999. http://www.geitf.co.uk/sites/default/files/geitf/GEITF_Mac
   Taggart_1999_Richard_Eyre.pdf 참조.

East Enders(영국 유명 장수 드라마－역자 주)의 에피소드를 보면 아동학대, 약물중독, 십대임신 등의 까다로운 이슈를 책임감 있게 다루는 등 중요한 공공서비스를 제공하고 있다.

그러나 공공서비스방송은 이러한 간접광고식 접근인 가벼운 오락기반 위에서보다 사회적인 메시지를 더 많이 전달하도록 요구되어야 한다. 대중적인 프로그램에 부담을 주지 않고 훌륭한 메시지를 전달하거나 메시지를 좀 더 구미에 맞게 전달하는 방식 등으로 사회적 메시지 전달이라는 목적을 달성하기는 쉽지 않을 수 있다. 더욱이 소비자에게 다가갈 필요성이 있다는 것이 바로 자신들의 시청률을 추구해야 한다는 것을 의미하지도 않는다.24) 이러한 입장은 전 ITC(Independent Television Commission)25) 의장인 패트리샤 호지슨(Patricia Hodgson)이 BBC의 'Celebrity Sleepover' 방영과 공공서비스방송에 보다 중점을 둔 'Blue Planet' 방영을 비교하며 언급한 아래의 내용에서도 찾아볼 수 있다.26)

---

24) BBC와 같이 수신료를 재원으로 하는 방송사업자는 도달범위에 대해 보다 관심을 가져야 한다. 즉 수신료를 공적으로 납부한다는 것은 곧 보다 많은 수용자층에게 도달하여야 한다는 것과 같기 때문이다. 이러한 의미가 때로는 사회적으로 유익한 메시지의 배포라는 측면보다는 수용자층을 두고 BBC가 경쟁하여야 한다는 측면으로 보일 수 있다.

25) ITC(Independent Television Commission)는 1991년부터 2003년까지 영국의 상업 텔레비전 서비스 사업자에게 면허를 부여하고 감독하던 기관이다. 그 이후 다른 4개의 규제기관과 합쳐져 현재의 Ofcom이 되었다.

26) Patricia Hodgson, "Freedom to Flourish: The Future of Communi-

'Blue Planet'으로 ITV를 물리친 승리! 'Celebrity Sleepover'로 ITV를 물리친 것은 비극!

두 번째 공공서비스방송이 극복해야 할 조건은 오락이나 정보를 얻기 위해 뉴미디어로 점점 옮겨 가는 소비자들에 대해, 공공서비스방송은 이러한 추세를 따라가거나 아니면 뒤처져 있거나 해야 한다는 것이다. 이러한 주장은 디지털 방송 시대에 BBC가 좀 더 사업을 분화하여야 한다는 입장과 맥을 같이한다. 즉 BBC가 사업을 분화하지 않는다면 향후 도달범위가 점점 줄어들게 될 것이기 때문이다. 그러나 새로운 분야로 진입한다는 것이 공공서비스방송사들에게는 물론 상업방송사들에게도 많은 비용이 소요되며, 따라서 서비스를 개시하는 데 비용 투자가 이루어져야 한다는 것을 의미하기도 한다. 사업의 분화는 분명 공공서비스방송사와 상업방송사 간의 이해 충돌을 가져오는 지점이 된다. 특히 이러한 현상은 새로운 서비스가 개발되고 새로운 서비스 제공사업자가 시장에 진입하는 초기 시장에서 흔히 볼 수 있는 일이다. 시장 공급이 왜곡되는 현상은 덜하지만 공공서비스방송사들이 디지털환경 하에서 심대한 비용 증가를 감당해야 한다는 것은 분명하다 하겠다.

---

cations," Fleming Lecture at the Royal Television Society, 5 Mar. 2002. 참조.

공공서비스방송의 시장 영향력

1997년 이래 BBC는 신규 디지털 텔레비전 및 라디오 서비스를 시작하였고, BBC iplayer와 같은 캐치업(catch-up) 서비스도 개발하였으며, 온라인상의 서비스로 많이 알려진 BBC news 사이트도 만든 바 있다. 이러한 서비스는 TV 수신료를 통해 지원을 받고 있으며, 사용자들은 무료로 이용이 가능하다. 그 결과 상업적으로 유사 서비스를 제공하는 사업자들은 낮은 지불 의사를 가진 수용자를 상대할 수밖에 없게 되었고, 그 대상도 적은 규모일 수밖에 없게 되었다. 또한 수익은 감소하게 되고, 결국 생존의 위협을 받게 되는 상황을 가져왔다. 이는 마치 BBC의 디지털 서비스가 사적 서비스 제공 사업자를 구축하는 효과라 할 수 있다.

오프콤(Ofcom)은 상기의 구축효과를 누구보다 먼저 인지했다. 오프콤이 시행하는 BBC의 디지털 텔레비전과 라디오 서비스에 대한 시장영향평가(impact assessment)에서[27] 다음과 같이 언급하

---

27) 2007년 1월 1일부로 발효 중인 현재의 BBC헌장(BBC Royal Charter and Agreement)에 의하면, 영국에서의 BBC의 공공서비스에 중요한 변화를 주기 전에 공적 가치 테스트(PVT: Public Value Test)를 시행하도록 하고 있다. 공적 가치 테스트(PVT)는 BBC 트러스트가 진행하는 공적 가치 평가(PVA: Public Value Assessment)와 오프콤이 진행하는 시장 영향 평가(MIA: Market Impact Assessment)로 구성된다. 전자인 공적 가치 평가(PVA)는 수신료 납부자들에 대한 서비스 가치 평가이며, 후자인 시장 영향 평가(MIA)는 그러한 서비스가 시장에서의 여타 서비스에 미치는 영향을 평가하는 것이다.

고 있다.28)

BBC의 시장 활동과 관련하여 잠재적이면서도 중요한 비용상의 문제가 발생하고 있다. 특정 시장부문에서 BBC가 연관되면서 동 부문에 현재 또는 미래에 서비스를 제공하고자 하는 상업적 사업자들이 충분한 매출을 올리지 못하게 하는 실질적인 위험이 존재한다. 또한 BBC의 새로운 서비스와 관련하여 앞으로 어떤 전략이 있을지 모른다는 불확실성이 창조적인 콘텐츠 생산부문에 새로이 진입하고자 하는 사업자들의 위험을 가중시키고 있는 것도 사실이다. 구체적으로 이러한 사업자들은 미래에 BBC와 결국 경쟁하게 될지도 모른다는 위기 인식 정도가 더 확장되고 있는 것이다. BBC의 막대한 예산과 상대적으로 축소되고 있는 의무 범위로 인하여 향후 경쟁과 투자와 혁신의 수위는 낮아질 수도 있다.

그러나 오프콤은 BBC의 활동이 경쟁하고 있는 상업방송 사업자들로 하여금 고품질의 프로그램을 제공하여야 한다는 자극이 될 것이라고 믿는 것 같다. 동 시장평가 보고서는 이러한 맥락에서 다음과 같이 언급하고 있다.

BBC는 현재 혼자서 하는 경우에 비해 고품질의 그리고 다양한

---

28) Ofcom의 Assessment of the Market Impact of the BBC's New Digital TV and Radio Services: An Analysis by Ofcom, Conducted as an Input into the Independent Review of the BBC's New Digital TV and Radio Services, 12 Oct. 2004. 2.5절 참조.

프로그램을 제공하는 데 적합한 경쟁 확립에 중요한 역할을 하고 있
다(2.11절 참조).

경제적 분석을 살펴보면 공공방송사가 제공하는 품질과 상업적
경쟁 사업자들이 제공하는 품질 간의 관계에 대한 오프콤의 이러한
시각은 결점이 있는 것으로 보인다. 공공서비스방송사들이 자신의
산출물에 대한 품질을 제고하는 경우, 이는 상업적 서비스 사업자
들의 품질을 증가시키는 것이 아니라 감소시킨다는 것이다. 경제적
인 용어로 품질 수준은 전략적 보완재가 아닌 전략적 대체재라는
것이다(자세한 내용은 Armstrong & Weeds 2007b s.3 참조). 이
러한 주장의 기저가 되는 메커니즘은 위에서 언급한 바와 같이, 프
로그램의 질은 수용자의 크기에 비례하는데, 상업적 방송사업자들
로부터 소비자를 뺏어가게 되면, 보다 더 높은 품질의 공공서비스를
제공하고자 하는 품질 제고 투자 유인이 줄어들게 된다는 것이다.

BBC 헌장에 따르면, 새로운 BBC 서비스를 승인하는 결정을 할
때 공적 가치와 시장 영향을 검토하여야 한다. 오프콤의 시각은
BBC 서비스가 상업적 서비스를 보완하거나 투자를 유인하는 경우
예상되는 긍정적인 시장 창출효과보다 부정적인 대체효과가 더 중
요한 것으로 보고 있다.[29] 즉 PSB로부터 나오는 공적인 편익은 서

---

29) Ofcom, Methodology for Market Impact Assessment: Statement, 22
    May, 2007, 1.6~1.7절 참조. http://stakeholders.ofcom.org.uk/binaries/
    research/bbc-mias/bbc-mia-meth.pdf

비스 제공으로부터 직접 야기되는 비용을 실제적이든 잠재적이든 시장의 다른 사업자들에게 미치는 간접비용은 물론 소비자들에게 미치는 비용과 균형을 이루어야 한다는 것을 의미한다. 아날로그와 디지털 시대 간의 상쇄효과를 비교해 보면 편익은 대개 변하지 않고 직접적이든 간접적이든 비용은 디지털로 전환하는 과정에 상당히 증가하는 것으로 보인다. 이러한 경우에 적절한 대응은 아마도 비용과 편익이 균형을 이루게 하는 수준 정도로 방송에 대한 공적 관여를 줄이는 것이 될 것이다. 그러나 공공서비스방송 사업자들의 시장활동을 상당 정도 줄이는 것은 디지털시대의 PSB의 역할에 대한 재평가에 의하기보다는 현재의 엄격한 분위기에 의한 것이기 쉽다.

▌결 론

이번 장에서는 디지털 텔레비전으로의 전환과 비선형 서비스 그리고 온라인 서비스의 출현에 이은 공공서비스방송의 역할에 대해 논의를 하였다. 논의를 통해 우리는 전통적인 아날로그 그리고 무료의 지상파방송이라는 소비자 시장의 실패가 디지털 시대로 전이되지 않는 것을 알았다. 즉 시장은 여전히 사람들이 광범위하게 시청하고자 하는 프로그램을 제공할 것이라는 것이다. 방송에 대한 공적 관여의 정당성은 이제는 시민의 관심사에 따라야만 할 것이다. 여전히 긍정적인 사회적 외부성을 가져오는 프로그램의 제공을 증대하기 위한 관여가 있기는 하지만, 그 효과성은 소비자가 점점 더 다른 방송사업자나 대안적인 사업자들의 생산품을 이용하고 정보와 오락욕구를 충족하는 한 제한적일 수밖에 없는 것이다. 디지털이라는 시대를 맞이하여 '주목'이라는 문제를 극복하려고 한다면 공공서비스방송 사업자들은 분명 상업적 사업자들과 한층 더 충돌할 것이며 유해한 시장영향력만 키우게 될 것이다. 이제 공공서비스방송의 역할과 범위에 대해 근본적으로 재평가해야 하는 시점이 도래한 것이다.

▌ 참고문헌 ▌

Anderson, S., and S. Coate. 2005. "Market Provision of Broadcasting: A Welfare Analysis." *Review of Economic Studies*, 72: 947.

Armstrong, M., and H. Weeds. 2007a. "Public Service Broadcasting in the Digital World." In P. Seabright and J. von Hagen, eds. *The Economic Regulation of Broadcasting Markets*. Cambridge University Press, 81-49.

_____. 2007b. *Programme Quality in Subscription and Advertising-Funded Television*, mimeo, available at http://privatewww. essex.ac.uk/~hfweeds/TV%20quality_Mar%2007_v2.pdf

Beebe, J. 1977. "Institutional Structure and Program Choices in Television Markets." *Quarterly Journal of Economics*, 91: 15.

Choi, J. P. 2006. "Broadcast Competition and Advertising with Free Entry: Subscription vs. Free-to-Air." *Information Economics and Policy*, 18: 181.

Coase, R. 1946. "The Marginal Cost Controversy." *Economica*, 13: 169.

Crampes, C., C. Haritchabalet, and B. Jullien. 2009. "Advertising, Competition and Entry in Media Industries." *Journal of*

Industrial Economics, 57: 7.

Peitz, M., and T. Valletti. 2008. "Content and Advertising in the Media: Pay-TV versus Free-to-Air." *International Journal of Industrial Organization*, 26: 949.

Salop, S. 1979. "Monopolistic Competition with Outside Goods." *Bell Journal of Economics*, 10: 141.

Seabright, P., and H. Weeds. 2007. "Competition and Market Power in Broadcasting: Where are the Rents?" In P. Seabright and J. von Hagen, eds. *The Economic Regulation of Broadcasting Markets.* Cambridge University Press.

Spence, M., and B. Owen. 1977. "Television Programming, Monopolistic Competition, and Welfare." *Quarterly Journal of Economics*, 91: 103.

Steiner, P. 1952. "Program Patterns and Preferences, and the Workability of Competition in Broadcasting." *Quarterly Journal of Economics*, 66: 194.

Weeds, H. 2012. "Superstars and the Long Tail: The Impact of Technology on Market Structure in Media Industries." *Information Economics and Policy*, 24: 60.

3
텔레비전은 공유되기를 원한다

| 조슈아 갠즈(Joshua Gans)

최근의 나의 저서 『정보는 공유되기를 원한다(*Information Wants to be Shared*)』(2012)에서 다음과 같은 가정을 한 바 있다. 즉 소비자들이 쉽게 정보를 공유하도록 허용하는 것 자체가 콘텐츠 제공을 위한 중요한 비즈니스 특징이 될 수 있다는 것이다. 이유는 다음과 같다. 첫째, 경제재로서 정보는 비경쟁적 성격을 가진다. 즉 정보를 생산하는 비용은 그 정보를 분배하는 비용으로부터 독립적이며, 많은 경우 훨씬 크다는 것이다. 특히 방송의 경우 수용자의 크기가 프로그램을 제공하는 비용에 영향을

미치지 않는다는 점에서 더욱 그러하다. 경제학적인 관점에서 보면, 이러한 의미는 정보가 일단 생산되면 넓게 퍼지는 것이 효율적이라는 것을 뜻하며, 또한 모든 사용자가 그 정보를 생산하는 데드는 비용에 기여할 수 있는 방법을 찾아야 한다는 것을 뜻한다. 그러한 넓은 전파와, 정보 생산에 드는 재원에 자발적으로 기여한다는 사실이 서로 충돌한다는 점이 본 장에서 설명하고자 하는 목적이기도 하다.

둘째로 수요 측면에서 보면, 정보는 공유될 때 더 가치가 올라간다. 특히 소비를 공유할 때 편익이 나오는 경우가 대체로 그러하다. 예를 들어 당신의 친구와 뉴스에 관해 토론하는 능력을 생각해 보라. 또한 정보가 '주목'을 중심으로 경쟁한다는 점에서 그러하다. 믿을 만한 친구나 동료가 당신에게 정보의 소비를 권유하는 경우, 당신의 주목도는 보다 효과적일 것이다. 그런데 그러한 권유는 당신의 친구가 당신이 그러한 정보에 접근하고 있다는 것을 아는 경우더 적극적이기 쉽다. 이러한 경우는 뉴스 조직의 경우 유료 장벽(pay-walls)을 두는 경우가 그렇지 않은 경우보다 더 효과적인 것과 유사하다. 예를 들어 뉴욕타임스의 유료 장벽은 독자들에게 개별 기사를 무료로 비 가입자들과 공유할 수 있도록 하였는데, 이같이 가입자가 비용을 지불하려는 것은 정확히는 자신에게 흥미 있는 뉴스를 자신이 직접 검색하고 싶지 않을 때 필터 또는 큐레이션하기 위한 것이다.

이번 장에서는 위와 같은 맥락에서 텔레비전 산업을 살펴보고자 하며, 특히 동 산업이 디지털 기술이 넘쳐나는 시대에 어떻게 변모하고 있는지를 알아보고자 한다. 이를 통해 주장하고자 하는 내용은 환경 변화가 상업방송이 취하고 있는 광고 기반의 비즈니스 모델에 영향을 줄 뿐만 아니라 더욱 중요한 것은 상업적 모델 하에서 여전히 이윤을 창출하는 콘텐츠의 유형에도 영향을 준다는 점이다. 즉 상업적 텔레비전에 의해 제공되는 콘텐츠 중 실패할 수도 있는 콘텐츠 유형이 있다는 것이며, 그 간극을 공공방송이 메우는 역할을 할 수 있다는 것을 뜻한다.

▌텔레비전 수요 단순 모델

우선 텔레비전 수요에 대한 단순 모델을 설명하고자 한다. 소비자는 다음과 같은 두 가지 요소에 근거하여 텔레비전의 가치를 평가하게 된다. 첫째는 오락에 대해 일반적으로 가지고 있는 효용 요소이다. 즉 텔레비전 프로그램을 시청하면서 얼마나 본질적인 즐거움을 얻느냐 하는 것이다. 이러한 요소를 u로 표기하고자 한다. 두 번째 요소는 지금까지 연구가 되어 오지 않은 요소인데, 소비자들이 텔레비전 프로그램을 함께 소비하면서 느끼게 되는 효용이라 할 수 있다. 이러한 효용은 특정 프로그램을 시청하면서 소비자들이 자신들이 알고 있는 사람들과 경험을 공유하는 경우 느끼게 되는 효용으로 이른바 워터쿨러 효과라 할 수 있다. 만약 소비자들이 특

정 프로그램을 시청한 n명의 사람들과 상호작용을 하는 경우 이 요
소는 U(n)이라는 증가함수의 형태를 취하게 된다. 특정 소비자가
상호작용을 할 수 있는 사람들의 전체 숫자인 N은 n보다 크게 될
것이다(즉 N>n).

이 외에 텔레비전을 즐기는 경우 고려해야 할 또 다른 것이 있다.
즉 그러기 위해서 지불을 해야 하는 경우로 가격 또는 가입비인 p
라는 요소이다. 이 외에 광고 요소도 있다. 이러한 요소들은 텔레비
전 시청을 방해하는 것으로, 소비자들은 이들을 회피하고자 한다.
특정 광고의 양과 관련된 비용은 단순히 a라고 가정한다. 이러한
모든 요소들을 종합하여 특정 소비자가 p라는 비용을 지불하고 광
고를 시청하며, 사회적 네트워크가 n명으로 구성되고 이들이 그 프
로그램을 시청하는 경우, 전체 보수(payoff)는 다음과 같은 식으로
표현할 수 있다.

$$v=u+U(n)-p-a$$

이 모델이 의미하는 것은 텔레비전은 단순한 경제재가 아니라는
것이다. 특히 수요는 특정 소비자의 사회적 네트워크가 어떻게 텔
레비전을 소비하는가라는 현실과 기대 양쪽 모두에 영향을 미친다
는 점이 중요하다. 특정 프로그램이 사회적 네트워크 안에서 인기
가 있는 경우, 프로그램 제공자는 더 많은 요금을 부과할 수 있는
동시에 더 많은 광고를 제공할 수 있게 된다. 반대로 특정 프로그램

이 인기가 없는 경우 그렇게 할 수 없음은 물론이다. 그러나 네트워크가 있는 경우 그리고 특히 프로그램이 새로운 것이라면 요금 및 광고와 관련하여 수요는 보다 탄력적이게 된다. 프로그램이 인기가 올라갈수록 요금을 올리는 것이 종종 쉽지만은 않은 일이지만, 광고 수준을 올리는 것은 어렵지 않으며 그러한 경우 광고주에게 보다 많은 요금을 부과할 수 있게 된다.

▮ 시기와 광고

광고와 관련하여 긴장관계가 있다는 것은 소비자들이 당연히 광고를 회피하고자 한다는 측면을 지적하는 것이다. 텔레비전 광고가 있는 한 소비자들이 과연 광고에 집중할 것인가와 관련된 문제는 사라지지 않는다. 소비자들은 광고시간에 화장실을 가지는 않을까? 그 시간에 크로스워드 퍼즐을 다시 풀지 않을까? 혹은 방 안에 있는 누군가와 대화를 하지 않을까? 하는 식이다.[1]

그러나 보다 더 큰 문제는 기술의 발달로 광고를 회피할 방법이 많아지고 있다는 점이다. 구체적으로 VCR을 사용하게 되면서부터

---

1) 주지하다시피, 이러한 현상은 광고주들에게는 좋은 소식일 수 있다. 사람들이 다른 사람들과 텔레비전을 시청할 때, 그들은 스스로 광고에 관여되기 때문이다. 자세한 내용은 Jayasinge and Ritson(2013) 또는 Ritson and Elliot(1999) 참조.

(Greenberg, 2008 참조), 이후에는 디지털 비디오 즉 TiVo를 이용하게 되면서부터가 그러한 예라고 할 수 있다. 이러한 기술은 소비자들이 프로그램을 시청하거나 귀찮은 광고를 회피할 수 있게 하는 기술이다. VCR의 경우 텔레비전 시청률에 전혀 반영되지도 않고, 광고를 보는 시청자들의 숫자는 더욱 불명확하게 만들기도 한다.

광고를 회피하게 하는 기술과 대비하여 또 하나의 강력한 도구는 이른바 타임시프팅(time shifting)이다. 즉 프로그램이 시작되는 시점에 시청을 하고자 한다고 해도 광고를 회피할 수 있게 된 것이다. 다시 말해 이런 방식으로 광고 회피를 통해 얻을 수 있는 부산물과 같은 형태의 편익이 방송되는 시점의 프로그램이 본래 가지고 있는 편익과 같다는 점이다. 중요한 점은 프로그램이 가지는 높은 사회적 구성요소가 있다면 타임시프팅의 유인은 줄어들게 되고, 다시 광고를 회피하지 않을 가능성은 높아진다는 것이다.

따라서 광고를 재원으로 하는 텔레비전의 효과성을 좌우하는 중요한 동인은 소비자가 가지는 시청시간대에 대한 그들의 결정이라 할 수 있다. 사회적인 이유 등으로 다른 사람들과 함께하고자 하면 할수록 방송될 때 텔레비전을 더욱 시청하게 되고 함께 방송되는 광고 또한 그 일부가 되는 것이다. 이러한 이유로, 광고주나 방송사업자는 시청과 그것을 방해하는 기술 간의 그때그때의 결합 형태에 대해 관심을 가질 필요가 있다.

▌디지털화의 영향

디지털 기술의 등장으로 텔레비전의 환경은 완연히 달라졌다. 특히 전송되는 영상 품질이 향상되고, 소비자에게 도달하는 영상의 범위가 확장되었다. 그중 가장 흥미로운 점은 소비자들이 정한 스케줄에 따라 영상을 가정 내로 끌어들일 수 있게 되었다는 점이다. 비디오카세트와 그 이후의 DVD로 인하여 이러한 현상은 어느 정도 감지되긴 했지만, 오랫동안 그려 왔던 주문형(on-demand) 형태의 다운로드를 통한 프로그램 시청이 이제 현실화된 것이다.

원칙적으로 텔레비전의 재원과 관련된 비즈니스 모델에 큰 변화를 가져온 것은 아니다. 소비자들이 자신들이 선택한 시간에 콘텐츠를 시청할 수 있다는 점이 프로그램과 관련된 광고를 봉쇄할 정도는 아니기 때문이다. 더욱이 프로그램을 시청하도록 소비자들을 끌어당기는 동일한 힘이 같은 시간대에 여전히 존재한다. 그러나 이는 새로운 균형점이 아니며, 여전히 이동 가능성이 있다. 많은 시청자들로 하여금 대역폭의 한계 하에서 동시에 특정 프로그램을 스트리밍하도록 하는 일은 비용이 많이 소요된다. 특히 기존의 전송방법을 그대로 이용하는 경우에는 더더욱 그러하다. 따라서 기존의 방송사업자들은 다운로드 선택을 가능하면 하지 않도록 소비자들을 유인하고자 할 필요성이 높아지게 된다. 그럼으로써 동시방송과 스트리밍을 함께 하는 경우는 드문 것이다.

동시성이 없다고 하면 사회적 경향이 적은 프로그램은 텔레비전 다운로드를 통해 타임시프트할 것이다. 사회적 경향이 보다 많은 프로그램의 경우에는 다운로드를 통해 시청한다고 해도 사회적 상호작용은 적어질지 모르나 가치 감소분은 별로 크기 않기 때문에 여전히 영향력을 갖는다. 문제는 오히려 광고를 회피하고자 하는 소비자의 경우이다(Anderson and Gans, 2011. 참조). 그들의 경우에는 보다 많은 선택 옵션이 있다. 예를 들어, 비록 지연되기는 하나 비용을 지불하고 DVR과 유사한 형태의 iTunes 같은 것을 통해 시청해도 되고, 이 외에 비공식적인 방법을 통해 텔레비전 콘텐츠를 시청할 기회가 얼마든지 있다.

위에서 언급한 어떤 경우도 긍정적인 부수효과가 발생한다. 즉 광고에 대한 산출식이 보다 분명해진다는 것이다. 광고를 시청하는 수용자를 측정하기가 훨씬 수월해진다. 더욱이 타임시프트와 주문형 옵션은 이전에는 제공키 어려웠던 특정 타입 프로그램의 생존 가능성을 높여 주기도 한다. 예를 들어 장기간 여러 해에 걸친 이야기가 전개되는 'Lost'와 같은 프로그램들이 가능해지는 것이다. 타임시프트와 주문형 옵션이 없던 이전의 방송 시절에는 그런 프로그램은 시청자가 지속적으로 감소하는 현상으로 인한 어려움을 겪었다. 즉 몇 회분 프로그램을 놓친 수용자가 다시 따라가면서 시청하는 것이 쉽지 않았기 때문이다. 주문형 형태로 창고에 쌓여 있다면 시청자들은 쉽게 따라가면서 시청할 수 있고, 이를 통해 이미 시청한 집단에 참여가 가능하며, 이를 통해 사회적 편익이 발생하게 된다.

그러나 다른 한편으로 보다 힘든 균형 작업이 요구된다. 즉 시청

행태를 강력한 광고 기반의 옵션을 지지하는 것과 조화시키기는 더욱 어려워지고 있다. 다시 말해 콘텐츠를 시청하고자 기다리는 시청자가 상당수 있는 경우 동시시청을 통한 사회적 효과는 약화된다. 스포일러의 위험에도 워터쿨러와 같이 텔레비전을 보고 이런저런 이야기를 하는 사회적 수용성이 제거되게 된다. 따라서 텔레비전은 일시적으로 덜 통합적인 매체가 된다.

그러나 이러한 사실만을 가지고 광고를 재원으로 하는 모델이 중요하지 않다고 결론을 내리는 것은 무리가 있다. 오히려 이러한 사실이 의미하는 바는 이전에 채널을 구성하고 있던 프로그램 묶음에 덜 의존하게 될 수도 있다는 것이다. 대신에 광고는 동시성을 요하는 강한 사회적 요소가 있는 프로그램의 경우 한층 더 효과가 있을 것이다. 반면에 그런 요소가 없는 콘텐츠라면 다른 형태의 수입 방안이 필요할 것이다. 어떤 의미에서 전통적인 동시방송은 동시에 소비될 때 가치가 있는 프로그램 그 이상의 것을 포함하며, 다른 형태의 프로그램은 덜 그렇다고 할 수 있다. 이런 방식을 통해 재분배의 효율성을 높일 수 있는 것이다.

더욱이, 가입자 기반 방송, 즉 요금 기반 방송의 경우에도 동일한 압력이 적용된다는 점을 강조할 필요가 있다. 특히 수요 측면에 사회적 구성 요소가 있는 경우에 그러하다. 그러한 경우 시청 행태가 상당히 일시적인 소비자를 끌어당기는 기술은 그러한 기능을 가진 텔레비전의 가치를 감소시키는 결과를 가져오기도 한다. 다시 말하면 사회적 요소를 추구하는 것도 프로그램이며, 그러한 프로그램은 시청자의 즉각적인 주목 경쟁에서 상대적으로 매력적이게 될 것이고, 따라서 생존 가능한 프로그램을 어떻게 섞을 것인가는 이러한 압력에 의해 다양한 형태를 띠게 될 것이다.

따라서 일시적인 시청 습관을 가진 소비자들을 보다 더 융화하게 하는 사회적 차원이 강화된 콘텐츠를 개발하고자 할 때 다양한 시청자들의 사회적 구성 요소를 어떻게 처리하는 것이 좋은지를 생각해 볼 수 있다. 예를 들어 사회적으로 선택을 강요하지 않고 이따금씩 보게 되는 다른 프로그램과 함께 소비자들이 바로 시청 결정을 할 수 있게 하는 방법을 찾아낼 수 있다. 이러한 일을 수행해야 하는 압력은 항상 존재해 왔지만 기술 변화에 의해 이전보다 더 강하게 작동되고 있다. 특히 고품질의 틈새 프로그램의 경우보다, 대량 시장(mass market)에서의 상대적인 이득이 더욱 커지는 경우에 한층 더 그러하다.

선호되는 프로그램 타입이 무엇인가를 예측해야 한다면, 광고를 재원으로 하는 방송의 경우, 뉴스, 스포츠 이벤트는 물론 리얼리티 프로그램(서바이벌과 같은 경합 프로그램이나 'Britain's Got Talent'와 같은 프로그램)이 좋을 것이다. 가입자 기반 방송의 경우에는 고품질 드라마인 'Games of Thrones', 'Downton Abbey'나 새로운 문화를 만들어내는 'Lost'와 같은 프로그램, 또는 'Doctor Who' 같은 독자적인 형태의 프로그램이나 다큐멘터리가 해당된다. 다시 말해, 사회적 구성 요소를 고려하는 경우 전통적인 텔레비전 모델을 통해 제공되던 프로그램의 본질적 요소인 오락적인 요소들이 숨

아지게 될 것이다.

▌ 세계화

인터넷을 통해 가능해진 폭넓은 연결성(connectedness)으로 텔레비전 수요 측면을 보면 사회적 요소를 레버리징하는 기회는 물론 새로운 도전의 기회를 가져오게 하였다. 이러한 기회는 소비자들의 사회적 네트워크가 잠재적으로 크고, 텔레비전 프로그램의 질이 회자될 수 있을 정도가 되는 경우 생기게 된다. 이를 통해 히트할 가능성이 높아지게 되는 것은 물론, 특정집단에 소구력을 가지는 틈새 프로그램의 성공 가능성도 높아지게 된다(이른바 롱테일에 관련된 것으로 자세한 내용은 Bar-Issac et al., 2012 참조).

새로운 도전의 기회는 연결성으로 인해 국제적인 경계선이 붕괴됨으로써 생기게 된다. 이전에 콘텐츠 제공 사업자는 한 국가 내에서 면허를 받거나 하여 지역방송사들이 자신의 프로그램을 방영토록 하는 형태를 취하였다. 따라서 수용자 크기가 최대일 때 프로그램을 매칭하고자 하며, 이에 따라 상이한 시즌별로 레버리지 전략을 취할 수 있었다. 이러한 전략은 어떤 주의 특정 날짜에 이루어지기도 하고, 특정 프로그램을 방영하였을 때 가장 좋은 시점을 국가별로 차별 적용하기도 하였다.

그러나 프로그램 수요의 사회적 구성 요소뿐만 아니라 연결성으로 인하여 전 세계적인 동시성이라는 수요가 발생하게 된다. 따라서 방송 시점을 지연시키는 전략은 전 세계적인 사회적 네트워크에서 상호작용하는 소비자들의 경우 이들이 가지는 상호작용의 효과를 저하시키는 결과를 가져오게 된다. 그 결과 방송사업자는 이러한 텔레비전 콘텐츠를 방영하기 위한 여러 가지 구매 방안을 찾아야만 하는 강력한 동기를 가지게 된다. 이것은 지연되어 방송되는 프로그램의 경우 방송사업자들이 보다 더 그러한 콘텐츠를 전 세계적으로 폭넓게 공유하게 하고, 그래서 전 세계적으로 동시성을 가진 스케줄을 보여 주는 이유이기도 하다. 이러한 경향으로 그러한 프로그램을 제작하는 원산지 국가의 경우 상대적으로 그러한 프로그램의 중요성이 보다 더 부각되기도 한다.

▌ 짧은 영상(Short-videos)

지금까지, 새로운 시장인 유튜브와 같은 짧은 영상과 관련된 시장에 대해서는 언급하지 않았다. 이러한 시장은 시청자들로부터 상당한 주목을 받고 있고 본질적으로는 광고를 재원으로 하는 매체시장이라고 할 수 있다. 이러한 매체들이 미치는 영향은 무엇인가에 대해 생각해 보고자 한다.

가장 중요한 점은 짧은 영상에 대한 주목도는 텔레비전에 의해 대체되기 쉽다는 점을 지적하고자 한다. 물론 탤런트쇼 전체가 아닌, 수요를 창출하기 위해 보여주는 일부분의 영상과 같은 경우는 예외일 수 있다. 그러나 전체적으로 보면 강력한 대체효과가 있을 것으로 보인다.

콘텐츠를 묶어서 채널 형태로 전송하는 방송사업자에게는 새로운 위기이며, 광고를 재원으로 하는 경우 뉴스는 아마도 그다지 나쁜 현상은 아닐 수 있다. 짧은 영상은 광고를 삽입할 기회가 적기도 하고, 아마도 광고 자체가 주는 기회도 적기 때문이다.[2] 이러한 현상으로 영상광고 시장에서는 전통적인 긴 시간의 프로그램이 보다 경쟁 우위를 갖게 된다.

▌공공방송

공공방송을 바라보는 관점 중 하나는 시장에서 덜 공급되지만 사회적으로 바람직하다고 평가되는 프로그램을 공급해야 한다는 주장이다(Barwise and Picard, 2012). 이러한 주장은 가장 상업적으로 가치 있는 프로그램은 강력한 사회적 구성 요소를 담고 있고, 잠재적으로 보다 많은 대중시장에 소구력을 가진다는 점을 전제하고 있다. 따라서 이러한 관점은 스포츠, 뉴스 콘텐츠, 리얼리티 텔

---

2) 물론 광고 타기팅의 범위가 넓어지고, 또한 광고를 회피하는 방법들이 마땅치 않아 실제적으로 광고를 보는 효과는 높을 것이다.

레비전을 제공하고자 하는 공공 방송사업자들의 욕구를 감소시키고, 독립적인 형태의 시트콤이나 드라마, 다큐멘터리나 교육적 콘텐츠와 같은 전통적인 공공 방송사업자들의 프로그램을 증대시키게 한다.

▌결 론

본 장에서는 디지털화가 텔레비전 방송에 미치는 영향에 대한 몇 가지 생각할 거리를 제공하였다. 구체적으로 텔레비전의 공동 소비가 가져오는 가치는 물론 특정 프로그램에 대해 신뢰감 있는 사람들의 소개가 가져오는 영향 등으로부터 나오는 수요 측면에서의 사회적 구성 요소의 중요성을 강조하였다. 분석을 통해 우리는 상업적으로 가장 매력적인 콘텐츠 타입은 향후에 사회적 구성 요소를 증대시킬 것이라고 말할 수 있다.

물론 이러한 분석이 경제적 이론에 기반하고 있음에도 어느 정도 사변적이기는 하다. 앞으로 텔레비전의 사회적 구성 요소를 검토하기 위해 산업적 트렌드를 분석하는 사람들에게 시사하는 바가 있기를 기대한다.

▌참고문헌 ▌

Anderson, S. P., and J. S. Gans. 2011. "Platform Siphoning: Ad-Avoidance and Media Content." *American Economic Journal: Microeconomics*, 3: 1.

Athey, S., E. Calvano, and J. S. Gans. 2012. *The Impact of the Internet on Advertising Markets for News Media, mimeo*, available at http://papers.ssrn.com/sol3/papers.cfm?abstract_id=2180851

Bar-Isaac, H., G. Caruana, and V. Cunat. 2012. "Search, Design and Market Structure." *American Economic Review*, 102: 1140.

Barwise, P., and R. G. Picard. 2012. *The Economics of Television in a Digital World: What Economics Tells us for Future Policy Debates*(RISJ), available at https://reutersinstitute.politics.ox.ac.uk/fileadmin/documents/Publications/Working_Papers/The_economics_of_television_in_a_digital_world.pdf

Gans, J. S. 2012. *Information Wants to be Shared.* Harvard Business Review Press.

Greenberg, J. N. 2008. *From Betamax to Blockbuster: Video Stores and the Invention of Movies on Video.* MIT Press.

Jayasinge, L., and M. Ritson. 2013. "Everyday Advertising Context:

An Ethnography of Advertising Response in the Family Living Room." *Journal of Consumer Research*(forthcoming).

Ritson, M., and R. Elliott. 1999. "The Social Uses of Advertising: An Ethnographic Study of Adolescent Advertising Audiences." *Journal of Consumer Research*, 26: 260.

4
방송규제

| 디어터 헬름(Dieter Helm)

　　　　　　모든 주요 기반산업과 공공산업(utility industry) 분야는 다른 분야와는 구별되는 자신만의 로비가 있다고 한다. 즉 특별하게 취급되어야 한다는 것이다. 방송산업도 예외는 아니다. 최근에 이러한 특별함에 대한 주장이 디지털화로 대표되는 기술 변화에 의해 게임 자체가 바뀌었고, 참여자들의 기존 이해관계에 따라 다양해진 수많은 정책적 대응이 시장에서 이루어지고 있다는 식의 주장으로 이어지고 있다. 실시간으로 선택할 수 있는 용량이 늘어나고 채널이 확장됨에 따라 방송시장 자체가 바뀌었다고

주장되기도 한다.

이러한 주장에 기반하여 일련의 정책적 권고가 이어지고 있으며, 대표적으로 BBC나 수신료에 대한 현재의 정책 관여가 더 이상 적정하지 않다는 인식이 확산되고 있다.

시장에서의 여러 행위들이 각자 중요하듯이 기술적 변화도 중요하다. 그러나 예외주의자들의 주장 또한 회의론자들의 주장과 함께 고민할 필요가 있다. 짧지만 본 장에서는 시장 디자인, 시장 및 정부의 실패를 찾아내고 이를 평가하는 것은 물론, 경쟁 분석 등 기본적인 경제적 개념이 매우 유용하다는 점을 지적하고자 한다. 즉 기술 변화에 의해 강조점이 변화하였을 수는 있으나 크게 달라진 점은 없다는 것이다.

다음 섹션에서는 방송시장의 주요한 경제적 특성을 살펴보고, 특히 방송이 제공하는 다양한 공공재에 대해 살펴보고자 한다. 이후에 기술변화가 이러한 시장의 특성을 변화시켰는지, 그렇다면 어느 정도 변화시켰는지에 대해 설명하고자 한다. 다음 섹션은 플랫폼, 프로그램, 그리고 결론의 순으로 하여 공공서비스방송에 대해 협의 그리고 광의의 측면에서 살펴보고자 한다.

▌방송의 경제적 특성

방송은 경제적 의미에서 공공재이다. 공공재는 비용 특성, 소비의 비경쟁성, 그리고 소비자의 배제성에 의해 정의 내려진다.

방송 서비스를 추가적인 소비자 1인에게 제공하는 데 드는 한계 비용은 제로이다. 따라서 평균비용과 한계비용 간에 차이가 발생한 다. 한계비용이 제로인 관계로, 방송의 소비 차원에서는 비경쟁적 이다. 소비자 잉여는 모든 소비자가 할 수 있는 한 소비를 하는 경 우 최대가 될 것이며, 한계편익이 제로에 접근하는 경우에도 마찬 가지이다.

방송은 비배제성을 가진다. 즉 어떤 간섭이나 계약이 접근을 제 약하지 않는다면 비배제적이다. 비배제성이 없다면 방송 프로그램 을 만들 유인이 없기 때문에 그러하다. 시청을 배제하는 수단으로 써 수신료를 강제하는 것이 가능하고, 지금은 가입료로 가능하다고 는 하지만, 기저의 비용 구조는 여전히 변하지 않고 있는 것이다. 어떤 상품이 공공재인가에 대해 특정한 결정 요인을 배제하는 법안 을 제정하는 것은 가능하나 어떤 공공재의 결정 요인을 모두 배제 하는 경우는 거의 없다 하겠다.

방송은 공공재와는 달리 외부성이 존재한다. 그 영향력은 좁기도 하고 넓기도 하다. 좁은 영향력을 가지는 외부성은 또 다른 행위에 제공되는 정보를 사용하는 경우에 발생하고, 넓은 영향력을 가지는 외부성은 경제적 기능이나 민주적 과정과 관련된 정보 공유, 문화 전승, 새로운 서비스를 통해 나오는 사회적 편익과 관련된다. 어떤 경우에는 이러한 것들이 국익을 위해 중요하다. 예를 들어 위기상 황이나 전염병이 창궐하는 경우에 그러하다.

또한 방송시장은 시장지배력이 중요한 요소로 작동되는 시장이다. 소수의 기업이 방송산업 전반을 구성하고 있다. 세계적으로 미국을 비롯한 주요 경제국의 경우에는 더더욱 그러하다. 이러한 지배적인 기존 사업자들은 다양한 신규 참입자들과 맞닥뜨리게 되고, 동시에 이들은 디지털의 영향력이나 여타 기술변화들로 인해 진입이 주변화되기 쉬운 것도 사실이다. 그러나 주변부에서의 경쟁은 제한적일 수밖에 없고, 거대사업자의 시장 점유율은 여전히 거대하고, 따라서 규제가 없는 상황에서는 중요한 경쟁 이슈가 제기된다.

이는 단순한 시장 실패라는 차원의 이슈뿐 아니라, 이를 넘어서는 중요하고도 심각한 이슈이다. 현재까지 이러한 이슈에 대해 대부분의 국가에서는 상당한 정책적 관여가 요구되기도 한다. 예를 들어 공공서비스방송의 제공, 뉴스 및 다른 공익적 프로그램에 대한 지원, 여러 가지의 경쟁을 위한 정책 관여가 이에 포함된다.

▎디지털화의 영향과 그 밖의 기술적 변화들

방송에 있어서 기술적 변화는 전혀 새로운 것이 아니다. 방송의 역사는 계속되는 기술적 변화의 역사이기도 하다. 기술적 변화는 산업의 비용 측면이 가지는 특색에 변화를 가져온다. 초기의 기술 발전은 채널의 수를 증가시켰고, 이후 흑백에서 컬러로의 기술적 변화가 있었다.

그리고 지난 10년간 일련의 기술 발전이 있어 왔다. 광대역기술은 인터넷과 전통적인 의미의 방송 간 융합을 가속화시켰고, 전통적인 TV와 개인 컴퓨터, 태블릿, 기타 모바일 기기 간의 융화를 가져왔다. 또한 광대역 기술을 통해 지나간 프로그램을 주문형의 형태로 시청하는 것이 가능하게 되었고, 동시에 실시간 시청이 보다 수월해지게 되었다. 프로그램 스케줄은 다차원화되어 가고, 검색엔진의 기능도 사용 가능하게 되었다. 광대역 기술을 통해 프로그램의 생산과 방송에 소요되는 비용이 새로운 채널의 등장과 함께 감소하고 있다. 그 결과, 새로운 채널을 만들기가 용이해지고, 방송시장에 새로운 사업자가 등장하기 쉬워졌다. 즉 규모의 경제가 줄어들게 된 것이다. 이러한 변화는 기술적 의미에서의 급진적이다. 그러나 그 자체의 기저에 있는 시장 실패에 대한 부문은 변화가 거의 없으며, 오히려 추가적인 시장 실패를 더하고 있다.

기존의 시장 실패를 중심으로 살펴보면, 위에서 언급한 변화들은 방송의 공공재적 특성에 전혀 변화를 가져오지 않았다. 한계비용은 여전히 제로이고 소비는 여전히 비경쟁적이고, 배제성은 여전히 문제로 남아 있다. 그리고 외부성도 여전히 존재한다. 추가적인 시장 실패가 경험재라는 차원에서의 검색과 정보제공 측면에서 발생하고 있다. 혼란스러울 정도의 채널과 프로그램에 직면한 소비자들은 이제 검색 비용이라는 새로운 장벽에 직면해 있다. 어떻게 소비자들이 무엇을 시청할지를, 그리고 소비자가 원하는 것을 전송하는지를 알 수 있을 것인가?

이러한 문제에 대한 해답은 전통적으로 채널이 제공하는 이른바 필터를 통하는 것이었다. 그것들은 프로그램 내에서 만들어지기도 하고, 구매되기도 한다. 그리고 각각의 형태는 나름대로의 특성을 가지고 발전되어 왔다. 예를 들어 BBC는 품질 기준을 제공하고 있다. BBC의 뉴스 프로그램은 다른 채널은 하지 않는 테스트를 통과하여야 한다. 기준에 미달하는 경우 심각한 결과를 초래하기도 한다. 이러한 과정은 폭넓은 의미에서의 출판이나 미디어 출구 등에 적용되는 피어리뷰(peer-review), 이름 있는 출판업자나 공공서비스 기준 등에서도 찾아볼 수 있다. 그 결과는 다소 역설적인 측면이 있다. 즉 더 많은 채널이 있거나 프로그램이 많을수록 스크리닝 기제가 더욱 필요하다는 것이다. 개별적으로 각 개인이 비용을 부담하는 것은 비효율적이라고 하는 검색의 경제학에서 살펴보면, 이와 같은 필터는 선택지가 많아질수록 증대하기 마련이다.

이론상 해답은 시장이 경쟁적인 사업의 일환으로 필터를 만들어 내는 것일 것이다. 그러나 현실적으로는 품질이 문제가 되는 경제의 다양한 활동들의 경우, 시장은 실패하기 마련이다. 많은 경우 품질규제(quality regulation)가 필요해진다.

따라서 디지털화와 관련하여 정책적 관여를 하지 않는다는 것은 설득력이 부족하다. 사실 더욱 많은 관여가 시장이 세분화됨에 따라 더 필요해질 수 있다. 정책적 관여의 세부적인 디자인은 수정할 필요가 있으나 그 이상은 아니다.

▌공공서비스방송

공공서비스방송은 해당기술이 유일하게 한 방송사업자에게 제공되는, 즉 방송의 독점이라는 맥락에서 도출된다. 영국의 경우 BBC는 방송의 공적 이익 충족을 위해 만들어졌고, 시간이 지나면서 새로운 채널의 등장과 인터넷과 광대역 기술의 발전에 따라 그 역할에 변화와 관련한 대응이 있어 왔다. 다른 나라의 경우 이보다 더욱 다원화된 모델을 시도하여 왔지만 BBC와 같이 아주 동떨어져 이루어진 경우는 없다.

BBC는 수많은 시장 실패를 해결해 왔다. BBC는 공공재를 제공하고 있으며, 클럽회비(club membership fee), 즉 수신료 형태를 통해 이를 재정 지원하고 있다. 그 수준은 한계비용이 제로라는 전제 하에 정부가 지정하는 수준을 따르고, 수신료와 소비자 잉여가 어느 정도 되는지 간의 상쇄효과(trade-off) 또한 정부가 결정한다. BBC 헌장(BBC Royal Charter)은 독특한 영국의 제도적 특성에 기반하고 있다. 즉 정부에 의해 통제되지도 않고 그렇다고 완전히 정부로부터 독립적이지도 않은 형태를 취하고 있다.

기나긴 BBC의 방송 역사는 프로그램을 제작하고 자신의 채널을 통해 이를 방송하는 것이다. 독점은 수직적으로 통합되는 것을 의미한다. 최근에 이러한 수직적 통합이 깨어지고 있다. BBC는 계속해서 프로그램을 생산하고 동시에 실제적으로 수많은 독립제작자들의 중요한 구매자이기도 하다.

이러한 중요한 구매자로서의 모델은 수많은 기능을 충족시키게 된다. 채널을 통해 이러한 프로그램을 방송할 경우 BBC라는 브랜드에 적용되는 필터 역할을 하는 것이다. 즉 품질 기준을 설정해 주고, 소비자들의 검색의 문제를 약화시키는 역할을 하게 된다. BBC는 프로그램의 공적 가치 평가를 통해 서로 다른 다양한 프로그램을 분류해 내고 지원하게 된다. 또한 새로운 참입자들을 지원함으로써 경쟁을 제고시키기도 한다. 다시 말해 서로 다른 프로그램의 비용들을 사회화하는 중요한 구매자인 것이다.

이러한 역할은 다시 BBC로 하여금 공공서비스방송이 무엇인가에 대한 해석에 근거하여 프로그램 믹스를 결정하는 구매자가 되게 한다. 즉 BBC는 어느 정도 뉴스, 드라마, 스포츠, 코미디 등을 제공해야 되는지를 결정할 수 있다. 시장이 이러한 프로그램 믹스를 제공하지 않으며, 상호보조가 불가능하다는 전제 하에서 보면 그렇지 않은 경우 시장이 얼마나 시장 실패를 해결할 수 있을지는 불분명하다. 어떤 특정한 고비용의 공적 프로그램들은 높은 가입비용을 통해 극복할 수 있다. 그러나 이러한 방식은 공공재라는 근본적인 문제를 극복하지는 못한다. 즉 소수를 대상으로 하는 전문적인 프로그램에 대해 부과되는 높은 가입비용은 수많은 잠재적인 소비자를 배제하게 되고, 특히 중요한 외부성을 가지는 경우는 더욱 그러하다. 뉴스 프로그램이 대중이 아닌 가입자 기반 소비자에게 제공되는 시장은 사회적으로 최적화되기는 어려운 것이다.

디지털화는 비용을 감소시킬지는 모르나 이러한 근본적인 것을 변화시키지 않는다. 공익은 한계비용 제로와 주요한 외부성이 존재하는 한에서는 사적인 지불 능력에 의해 충족되지 않는다.

그러나 이러한 사실들은 공익이 무엇인지를 누가 결정하는가 하는 문제에 대해서는 설명하고 있지 않다. 특히 BBC가 자신의 기업적 이익보다 공익 추구에 의존하고 있는지, 나아가 어느 정도인지에 대해서는 더욱 그러하다. 중요한 구매자로서 BBC가 공익을 위해 운영될 것이라고 우리는 왜 상정해야 하는가?

공익 가치를 BBC에 위임해야 하는 정도나 BBC가 운영되는 거버넌스 형태의 문제는 더 이상 새로운 질문이 아니다. 이러한 질문은 BBC가 세워졌을 때부터 제기되어 왔다. 디지털화는 이러한 질문에 변화를 주지도, 또 그 해답에 변화를 주지도 않는다. 최근의 사례를 보면 감독과 규제의 기존 형태가 가지는 문제에 집중해 오고 있다. Saville로부터 시작해서 Newsnight, Hutton 보고서에 이르기까지 BBC가 내리는 결정에 대해 계속해서 의문이 제기되고 있다. 즉 필터의 역할은 지나쳐 버리기 일쑤이고 또한 적절하지도 않다는 것이다. 공공서비스방송에 대해 명확한 정의가 없는 가운데, 항상 위기가 있어 왔고, 논쟁과 논란이 있어 왔다. 그러나 이러한 문제들이 모델 자체를 무력화하는 것은 아니다.

BBC는 더 이상 시장 실패에 대해 유일한 해법이 아니다. 이 외의 다양한 정책 관여 모델이 존재한다. 공공서비스 의무의 일정 부분은 다른 방송사업자에 의해 제공될 수도 있다. 이른바 공공서비스방송 모델(Public Service Publisher Model)이 몇 년 전 오프콤

에 의해 제안되었고, 영국에서는 이 외에 많은 제안들이 존재하기
도 한다. 이러한 제안들이 가지는 상대적인 장점들이 논의되고는
있으나, 여전히 이러한 장점들은 결코 기술적 변화에 의해 많은 영
향을 받는 것은 아니다.

▌결 론

　짧지만 본 장에서는 디지털화가 방송에 미치는 영향에 대해 살펴
보았다. 이를 통해 알 수 있는 것은 수신료가 가지는 장점 또는 주
요한 공공서비스방송으로서 BBC의 역할이 무엇이든 간에, 디지털
화에 영향을 받는 것은 아니라는 점이다.

　방송의 경제적 기초는 특히 공공재의 경우 여전히 변화하지 않고
있다는 것이다. 채널이 폭발적으로 늘어나고, 실시간으로 프로그램
을 시청할 수 있는 선택 가능성이 높아지는 것은 결국 소비자의 새
로운 검색 비용 증대라는 중요한 결과를 초래하게 된다.

　따라서 방송정책은 1920년대 이래 우리를 괴롭혀 온 주요한 정
책적 문제를 벗어날 수 없다. 영국은 나름대로 BBC 안에서 영국
특유의 해법을 찾았고, 시간이 지남에 따라 BBC는 방송시장의 변
화에 따라 차분하게 그 역할의 변화를 통해 대응해 왔던 것이다.
아마도 이를 통해 BBC는 세계에서 가장 존경받는 방송사업자가 된
것이다.

특히 최근 들어 그 중요성이 더해지고 있는 진화적인 변화(evolutionary change)라는 것도 비록 그 영향력은 크다고 하나, 디지털화에 의해 직접적으로 영향을 받은 것은 아니다. 프로그램의 주요한 구매자로서 BBC의 등장은 내부적인 수직적 통합 형태를 외부에 공개하는 결과를 가져왔다. 광대역 기술은 전통적인 텔레비전과는 다른 기술적 인터페이스를 만들었고, 인터넷은 BBC의 웹사이트 및 아이플레이어(iPlayer) 개발을 촉진한 바 있다.

역설적으로 이러한 변화는 방송의 전통적인 문제에 대해 보다 많은 관심을 초래하기도 하였다. 즉 수신료의 범위와 수준, 공공서비스방송의 선택 문제, BBC가 편성 시 행하는 기준, 국내 혹은 해외의 뉴스 서비스의 성격 및 범위 등 다양한 문제들이 그것이다. 많은 것은 변하지 않았고, 게임이 바뀌었으니 BBC는 축소되거나 해체되어야 한다는 식의 기득권의 주장에 휘둘리지 말고 중요한 문제에 대한 더욱 많이 고민해야 한다. 다른 방송사업자의 이해관계는 일정 정도 분명하기 때문이다.

제2부

공공서비스방송의 미래는 있는가?

5
방송은 왜 또 다른 재화와
서비스가 아닌 것인가?

| 조나단 레비(Jonathan D. Levy)*

BBC 트러스와 함께 Reuters Institute for the Study of Journalism은 위 제목과 같은 질문에 대한 엄청난 답을 찾고자 했고 다음과 같은 추가적인 질문에 대한 답도 고민하고 있다. 즉 어떻게 현재의 규제 틀을 계속 진화하는 방송산업에 맞출 것인가라는 질문, 과연 방송 규제를 전 방송 환경 하에서 이루어지

---

* 여기에서 제시된 의견은 저자의 의견이며, 반드시 미국의 FCC(Federal Communications Commission)나 그 구성원의 의견이 아님을 밝혀둔다.

고 있는 콘텐츠 제공의 문제점(비규제 부문을 포함)을 해결하기 위해 사용하는 것이 바람직한가? 또는 잠재적인 비경쟁적인 효과와 관련된 주요한 문제점은 무엇인가? 라는 질문이다. 우선 방송은 왜 또 다른 재화와 서비스가 아닌가라는 질문에 대한 답은 기술경제학적인 관점에서 방송은 시장 실패라는 기본적인 특성을 지니고 있으며, 방송은 중요한 비경제적인 목적에 봉사한다는 것이다.

　지상파(FTA: Free-to-Air) 방송은 공공재이다. 즉 방송은 소비 측면에서 비배제성을 지니며 동시에 비경쟁재이다. 경제학적인 관점에서 보더라도, 유료방송을 가능케 한 기술적 변화들이 결코 공공재라는 특성을 사라지게 한 것은 아니다. 방송 콘텐츠는 또한 시장 실패의 징후로 외부성을 가진다. 즉 대개는 긍정적인 외부성으로, 예를 들면 보다 많은 정보를 가진 시민으로 인하여 주변의 시민들이 혜택을 보는 식이다. 또는 공유한 문화적 가치의 표출을 통해 사회적 응집력을 강화하고, 국가 정체성을 강화하는 편익이 제고되기도 한다. 외부성과 관련하여 중요한 점은 방송은 다양성, 다원성과 같은 중요한 비경제적 목표를 증진한다는 점이다. 이러한 목표는 시민으로서의 책임의식 및 시민 참여에 필요한 정보를 시민들에게 제공하는 수단으로 중요하게 생각되는 가치이다. 많은 사회는 방송을 국내 문화를 보존하는 수단으로도 생각하고 있다. 미국에서는 중요한 이슈는 아니지만 영국이나 EU에서는 중요한 가치로서 많은 비중을 두고 있는 것이 사실이다.

　외부성과 비경제적 목표에 대한 고려는 방송의 보편적 서비스 개

넘과 연관된다. 보편적 서비스라는 용어는 통신부문에서 보다 일반
적으로 사용되는 개념으로, 전통적으로 유선 음성전화 서비스를 거
의 모든 사람들이 적정한 요금에 이용 가능하게 하는 것을 의미한
다.[1] 방송 측면에서 보면, 암묵적인 개념으로 사실상 모든 사람이
이용료 없이 서비스를 이용하게 하는 것으로 볼 수 있다.

지상파 방송을 포함한 영상콘텐츠 전송기술이 지난 수십 년 동안
본질적으로 발전해 온 것이 사실이다. 케이블이나 위성과 같은 유
료방송 플랫폼의 출현은 시민 또는 소비자의 선택권의 범위를 이전
과는 다르게 확대시켰다. 전송비용의 감소 또한 소비자의 비용 부
담 능력과 함께 이른바 다양한 범주의 그리고 이윤 창출이 가능한
틈새 취향(niche taste)을 겨냥한 유료 디지털 플랫폼의 출현과 연
관이 있다. VCR과 같은 기술이나 최근의 DVR(Digital Video
Recorder) 기술로 유연한 타임시프팅(time shifting)이 가능하다.
인터넷을 통해 다운로드하거나, 스트리밍을 통해 다양한 시간대 시
청이 가능해진 것은 물론, 장소나 디바이스에도 구애받지 않게 되
었다. 예를 들어 시청자가 인터넷에 연결이 가능하거나 모바일 데
이터 전송이 가능한 상황이라면 랩탑(laptop), 태블릿, 스마트폰을
통해서 시청이 가능해진 것이다.[2] 그러나 새로운 전송기술이 도입

---

1) 미국의 경우 보편적 서비스의 개념은 분명 최소한의 초고속 인터넷서비스에
까지 확장되어 있다.
2) 물론 모든 콘텐츠가 이와 같이 이용할 수 있는 유연성을 가지는 것은 아니다.
미국의 경우 케이블 회사들은 'TV anywhere'라는 모토 하에 서비스를 추진

됨에 따라 시청자가 파편화되고 이로 인해 뉴스 및 공적 관심사를
다루는 프로그램과 같이 비경제적인 목적을 충족시키는 유형의 콘
텐츠와 관련된 경제학적 모델은 심각한 변화 속에 있다.

따라서 단지 규제를 통해 앞에서 언급한 바와 같은 전반적인 콘
텐츠 제공의 문제점을 다루는 것은 적정하지 않을 것 같다. 규제의
역할은 여전히 존재하나, 국가 전반의 미디어나 통신 규제기관이
관할하는 범위를 넘어서는 정책들을 포함하여 여타의 정책들이 콘
텐츠 제공의 문제점을 해결하는 데 고려될 필요가 있다. 이러한 정
책으로 직접보조금(콘텐츠 또는 관련한 인프라 포함)이나, 국가적
차원의 디지털 리터러시 정책들이나, 방송사업자들로 하여금 뉴스
나 공공 관심사를 다루는 프로그램을 제작하게 하는 유인책 등이
이에 해당한다.

주요한 경쟁 관련 관심사와 관련하여서는 지면을 고려하여 다음
과 같은 두 가지 차원에서 논의하고자 한다. 첫째는 경제적인 목적
및 다원성 목적과 함께 수평적 차원으로 FTA 대체 가능성과 새로
운 플랫폼을 살펴보고, 수직적 차원으로 콘텐츠 제공사업자와 전송
플랫폼 간의 관계에 대해 논의하고자 한다.

중이다. 이러한 서비스는 인증된 사용자라면 인터넷을 통해 가입이 요구되는
콘텐츠 시청이 가능하다. 그러나 모든 플랫폼과 모든 콘텐츠 제작자가 상기
의 서비스에 들어가 있는 것은 아니다.

▌논의 배경

정책 분석 및 정책 결정 과정은 한 국가의 미디어시장 구조와
전반적인 법적, 사회적 환경을 고려하며 작동된다. 여기서의 논의
는 주로 미국과 영국에 주안점을 두고자 한다. 이 두 국가는 서로
차이점도 있고 유사성도 있는 국가이다. 시청 측면에서 보면, 지상
파 방송은 양 국가에서 여전히 인기 있는 방송이라 할 수 있다. 전
체 시청률 중 지상파가 가지는 비율은 지난 수년간 감소하고 있으
며, 특히 미국에서 감소폭이 크다. 미국의 경우 비방송 채널(non-
broadcast channel)이 벌써 10년 전에 방송 채널의 시청률을 앞서
고 있는 상황이다. 그러나 비교적 소수이기는 하나 주요한 지상파
채널들은 많은 비방송 채널 중 가장 인기 있는 채널보다 보통 더
많은 수용자를 가지고 있다.[3] 유료방송의 경우 영국보다 미국에서
더 인기가 많은데, 대략 미국은 텔레비전 (시청)가구의 87%가, 영
국은 58%가 유료방송에 가입되어 있다.[4] 양 국가에서 위성방송서

---

[3] 미국의 경우 '방송(broadcast)'이라는 용어는 오직 전파 스펙트럼을 이용한
　　지상파(FTA) 채널을 의미한다. 비방송 채널(non-broadcast Channel)이란
　　케이블, 위성, 또는 다른 유료방송 플랫폼을 통해 전송하는 채널을 의미한다.
　　영국에서는 'broadcast' 또는 'non-broadcast' 개념이 미국과는 다르게 사용
　　된다.

[4] 전체 텔레비전 가구 중 다채널 가입자의 비중으로 미국의 수치는 SNL Kagan
　　이 산출한 수치이다. 자세한 내용은 *US Multichannel Industry Benchmarks*
　　(visited 22 May 2013), http://www.snl.com/Sectors/Media/USMulticha

비스는 상당수의 가구가 이용 가능한 상황이며, 미국 케이블 방송의 경우 99%가 이용 가능한 상황이다.[5] 관련한 영국의 수치는 이보다는 훨씬 낮은 상태이다.

적어도 미국의 경우 방송 수용자의 비율이 지속적으로 감소하는 상황은 아직은 광고수익의 상대적 감소를 동반하고 있지는 않다. 그리고 유료방송의 수입과 가입비는 여전히 안정적인 상태이다.[6] 전통적인 텔레비전 채널의 시청률은 지상파이건 실시간 유료방송(즉 실시간 point-to multipoint 전송으로 OTP 인터넷 스트리밍이나 다운로드와 상반됨)이건 계속 증가 추세이다. 더욱이 영국의 지역 지상파 방송과 주요한 지상파 공공서비스방송 채널들은 유료방송 플랫폼에 의한 전송을 강제하는 의무전송 규제로 혜택을 받고 있다. 물론, 인터넷을 통한 영상 시청은 초기의 낮은 시청률에서

---

nnel.aspx, For UK data see Barwise and Picard(2012), 16 n. 26 참조 바람.

5) SNL Kagan *US Multichannel Industry Benchmarks* 참조.

6) Television Bureau of Advertising, *Industry Trends: Ad Spending*, http://www.tvb.org/trends/4705 and SNL Kagan, US Multichannel Industry Benchmarks 참조. 동 산업보고서를 보면, 2013년 3월 기준 이전 1년간 미국의 다채널 비디오 부분은 순가입자가 감소(0.1%)한 것으로 나타난다. 이러한 감소분은 통신사업자나 위성가입자 증가에 의해 대체되지 못하고 있다. 물론 이러한 변화를 미래의 전조로 볼 수는 있으나 유료방송의 안정성을 의심할 만한 정도는 아니다. 관련한 자세한 내용은 Leichtman Research Group, *Multichannel Video Industry Has First-Ever Annual Net Subscriber Loss*, http://www.leichtmanresearch.com/press/052013release.pdf 참조 바람.

보면 아주 빠른 속도로 증가하고 있으나, 영상의 대부분은 여전히 고전적인 방법으로 소비되고 있다. 전통적인 텔레비전은 앞으로도 상당기간 중요한 매체로 남아 있을 것 같으며, 적어도 저렴한 요금에 초고속 광대역 인터넷이 보편적으로 이용 가능할 때까지는 그렇게 될 것으로 생각된다.

문화적 그리고 규제적 환경 하에서 살펴보면, 주요한 차이점은 콘텐츠 규제와 관련성이 있다. 미국의 경우, 극소수의 예외를 제외하고 수정헌법 제1조에 의해 본질적으로 콘텐츠 규제는 금지되어 있다. 영국의 경우는 상당한 정도로 콘텐츠 규제가 허용되고 있다. 주목할 만한 또 하나의 차이점은 영상 콘텐츠에 대한 공적 보조이다. 영국의 경우 영상 콘텐츠에 대한 공적 보조(즉 수신료 수입을 통한 BBC 운영재원 조달)가 어느 정도 줄어들었지만, 미국에 비하면 규모면에서 여전히 높은 수준이라고 할 수 있다. 양 국가는 공공서비스방송이 시장 세분화와 새로운 플랫폼 등장이라는 압력 하에 있다는 점에서 비즈니스 모델 측면에서는 유사하다고 하겠다.

▌방송의 진화와 예상되는 정책대응의 결과물들

케이블이나 위성 디지털화로 인한 다채널 유료방송 플랫폼의 출현으로 영상의 전송능력은 확대되고 있다. 이러한 진화는 동시에 영상 수용자의 파편화를 초래하고 있다. 수용자의 파편화는 적어도 다음과 같은 두 가지 결과를 초래한다. 첫째 광고에 의존하는 방송 사업자들의 경우 수익이 나지 않는 콘텐츠에 대한 교차 보조가 그 이전보다 쉽지 않게 되었다는 점이다. 둘째는 특정한 공적 목적 즉 뉴스, 공적 관심사, 다큐멘터리 등과 같은 프로그램의 수용자 층이 감소한다는 것이다. 이에 따라 이러한 프로그램에 대한 직접적인 콘텐츠 보조가 그 이전보다 비효율적이 되어가고 있다는 점이다. 이는 미디어정책의 두 가지 목표인 다양성과 다원성이라는 가치에 심대한 영향을 미치고 있다.

FCC의 미디어 정책목표는 일반적으로 경쟁, 지역주의, 다양성이 라는 세 가지 가치로 요약할 수 있다. FCC는 다양성에 대한 다원적 개념을 취하고 있지만 그중에 제일 중요한 것은 관점의 다양성 (viewpoint diversity)이라 하겠다. 즉 미디어의 목표는 시민으로서 의 의무를 수행하는 데 필요한 정보를 제공한다는 측면에서 정치 적, 사회적 이슈에 대해 다양한 관점을 전달해야 한다는 것이다. 이러한 시민으로서의 의무는 투표를 하거나 특정 문제 관련 정부 기구에 청원하거나, 공공 모임에 참여하는 것 등이 포함된다. 또한 어떤 정치적, 사회적 이슈가 지역적으로 부각되는 정도에 따라 지 역주의 목표가 잘 수행되고 있는지를 알 수 있다.

영국의 경우 BBC와 오프콤에 의해 수행되는 미디어 정책 목표는 보다 구체적이다. 특히 '다원성'이라는 목표를 공표하고 큰 비중을 두고 있다. 최근의 문서인 '다원성 측정(Measuring Media Pluarity)' 에서 오프콤은 다원성을 다음과 같이 정의하고 있다. 즉 다양한 관

점이 미디어기업 내에서 그리고 미디어 기업 간에 이용 가능하여야
하며, 소비되는 것은 물론, 특히 특정 미디어기업 소유자나 그 목소
리가 여론이나 정치적 의제에 너무 많은 영향력을 미쳐서는 안 된
다고 하고 있다.[7] 이러한 목표는 미국의 다양성의 목표와 유사하
나, 다음과 같은 흥미로운 차이점도 있다. 첫째, 미국에서의 다양성
이라는 목표는 도구적인 차원으로 이해하여야 한다. 즉 시민들의
시민영역에의 참여는 그들이 미디어 콘텐츠를 획득하고 그에 대해
반응할 때 제고된다는 관점이다. 영국의 목표는 보다 명확한데, 즉
미디어 콘텐츠의 표현은 물론 소비까지 요구한다는 점이다. 둘째
로, 영국의 목표는 내적 그리고 외적 다양성을 포함하고 있다. 즉
미디어 콘텐츠가 다양하게 제공되는 것만으로는 충분하지 않고, 특
정 프로그램이 대조적인 관점들을 담고 있어야 할 것을 요구한다.
이와 유사한 미국의 요구 조건으로 25년 전에 헌법적 정합성과 실
질적으로 소기의 목적을 달성하지 못하고 있다고 해서 사문화된 이
른바 'Fairness Doctrine'이 있었다.[8]

---

7) Ofcom, *Measuring Media Plurality*, 5 Oct. 2012, p.1. http://stake
   holders.ofcom.org.uk/binaries/consultations/measuring-plurality/letters
   /advice.pdf 참조.

8) 이른바 'Fairness Doctrine'이란 방송사는 논쟁이 되고 있는 공적으로 중요한
   이슈를 보도하여야 하며 동시에 대비되는 관점들이 상당한 정도로 표출될
   수 있는 기회가 제공되어야 한다는 것이다. 이해관계 당사자들이 방송사의
   관련 보도가 적정하지 않다고 생각되면 FCC에 민원을 제기할 수도 있다.
   헌법적 원칙에 따라 FCC가 동 Doctrine을 폐기하기로 결정한 것은 방송사업

그 이전에는 텔레비전 출구의 숫자(소비자의 선택권이라는 의미)
가 매우 제한적이었다. 따라서 공익적 콘텐츠와 그러한 콘텐츠 시
청률 간에는 밀접한 상관관계가 있었다. 저자는 미국사람이지만 그
럼에도 불구하고 한때 BBC가 이른바 '이모(Auntie)'라고 여겨지던
때가 있었다고 생각한다. 즉 유명한 CBS 네트워크의 뉴스 보도자
(미국에서는 앵커로 그 당시에는 앵커맨)인 월터 크롱카이트(Walter
Cronkite)에게 부여되는 별명이 'Uncle Walter'이고 이와 정확히
대비되기 때문에 그렇게 볼 수 있다고 여겨진다. 당시에 텔레비전
이라고 하는 것은 국부로 간주되고 우리는 그러한 텔레비전 앞에
둘러 앉아 신뢰감이 있는 사람으로부터 정보를 얻고, 그 사람과 다
양한 의미의 관계를 맺고 있었다.

그러나 시대가 변했다. 여전히 공적보조가 공익 콘텐츠를 공중에
게 제공할 가능성은 인정된다. 그리고 그 이전보다 다양한 플랫폼
즉 일반 방송텔레비전은 물론 유료방송이나 인터넷 등에서 구현될
수도 있다. 그러나 우리는 더 이상 이러한 콘텐츠가 폭 넓게 소비될
것이라고 확신하지 못하는 상황이 되었다. 뉴스나 정보의 상업적

자에게 관련 보상 없이 상당한 부담을 주고 있다는 점을 감안했기 때문이다.
사실 이러한 폐기 결정은 방송사가 보도 관련 결정을 할 때 이해관계자들의
경합장이 되고 있는 행정적 의견 수렴절차를 통해 이루어진 것이기도 하다.
이와 같이 동 Doctrine의 의도치 않은 결과는 방송사로 하여금 소송에 휘말
리지 않기 위해 의도적으로 특정 이슈를 회피하게 만들기도 하였다. 자세한
내용은 FCC, *Syracuse Peace Council*, 2 FCC Rcd 5043(1987), recon.
denied, 3 FCC Rcd 2035(1988) 참조.

소스 측면에서 보면, 파편화된 수용자가 부담하는 재정적 압력으로
지역적인 뉴스나 수많은 개별적 소스로부터 나오는 뉴스는 쇠퇴할
것이다.9) 뉴스의 양이나 관련 구성요소를 살펴봐도 이를 알 수 있
다. 미국의 경우 영국보다 상당한 정도로 많은 지역 텔레비전 뉴스
가 있다. 많은 수의 미국 텔레비전 방송사들이 상당한 정도의 지역
뉴스를 제공하고 있기는 하지만 그렇지 못한 경우도 많으며, 지역
뉴스 제공방송사의 숫자는 계속해서 줄어들고 있다. 또 다른 가능
성으로, 텔레비전 뉴스와 관련된 재정적 압박으로 인해 비용이 많
이 드는 탐사보도가 쇠퇴하는 것도 들 수 있다. 영국의 경우 텔레비
전 뉴스는 역사적으로 지역보다는 넓은 '리저널(regional)' 개념에
주안점이 두어져 있다. 그러나 지난 수년간 리저널 뉴스도 쇠퇴일
로에 있다. 이러한 맥락에서 영국정부가 제시한 새로운 '지역 디지털
텔레비전 프로그램 서비스(L-DTPS)' 계획은 관심을 기울일 만하다.
동 계획에 의거 오프콤은 대략 12개의 영국 주요 도시에 관련 면허
를 발급했다.10) 동 계획의 성과를 분석하는 것은 아직 시기상조이

---

9) 텔레비전 광고 지출은 순환적인 특성을 가지고 있다. 그러나 명목적 기간
   동안에는 상대적으로 안정적으로 유지된다. 2012년 수준은 2004년과 대개
   비슷하다. 자세한 내용은 Television Bureau of Advertising, *Industry
   Trends: Ad Spending* 참조. 가격수준은 동 기간 동안에 증가하였지만 이
   는 지출이 명목기준으로 보면 떨어진 것이라 할 수 있다. 그럼에도 텔레비
   전과 관련한 이러한 상황이 적어도 미국에서는 신문사의 경우에는 확연히
   다르다. 즉 신문사의 경우 최근 들어 광고 수입이 급격하게 감소하고 있다.
10) 자세한 내용은 Ofcom, *Licensing Local Television*, http://stakeholders.

기도 하고 본 장의 논의 범위를 벗어난다. 하지만 위에서 언급한 변화에 대응하는 복잡하기는 하나 중요한 실험인 것은 분명하다.

▌무엇을 할 것인가

지금까지의 논의에서 강조할 점은 특히 방송의 비경제적 목표를 다루는 정부정책이 수요는 물론 공급측면을 함께 고려해야 한다는 것이다. 즉 일정부분 교육적 목적 하에 시민 또는 소비자를 대상으로 할 필요는 있을지 모르나 공익 콘텐츠를 제작하게 하는 비용이나 유인에 대해서도 고려해야 한다는 것을 의미한다.

위에서 언급하였듯이 인터넷을 포함한 다양한 플랫폼에 콘텐츠를 전송한다는 것이 바로 콘텐츠가 제공되어 소비된다는 것을 보장하지는 않는다. 더욱이 인터넷상에서 내적 다원성(internal plurality)이라는 개념의 경우 가만히 두어도 실현될 것이라고 생각하기 어렵다. 시민이나 독자는 자신들이 선택한 콘텐츠 묶음 하에 있을 것이고 언제나 한 스토리에서 다른 스토리로, 한 기사에서 다른 기사로 건너뛰는 것이 가능하다. 많은 사람들은 어쩌면 자신이 이전에 가지고 있던 의견을 강화하기 위해 콘텐츠를 열심히 찾을 수도 있을

ofcom.org.uk/binaries/consultations/localtv/statement/local-tv-state ment.pdf와 *wards of L-DTPS Licenses*, http://licensing.ofcom.org.uk/ tv-broadcast-licences/local/awards 참조.

것이다. 누군가는 이러한 경향을 편향성이 강화된다고 할 것이다. 어쨌든 이러한 위기는 전통적인 방송 규제의 범위를 넘어서는 것임에는 틀림없다. 일각에서는 '디지털 리터러시(digital literacy)' 교육이 필요하다고 한다. 즉 의식 있는 독자를 양성하기 위한 노력의 일환으로 시청자들이 다양한 소스의 정보를 수집하고 그 신뢰성을 평가할 수 있도록 하는 교육이 필요하다고 한다(Mullainathan and Shleifer, 2005). 국내 또는 국제 뉴스와 관련하여 살펴보면, 인터넷이라는 매체가 이용 가능한 소스의 범위를 확장시키고 있다. 전통적인 미디어의 경우에도 방송사나 신문사들은 온라인을 통해 국내외에 노출되고 있으며, 뉴미디어의 경우에도 웹상의 뉴스 제공이나 주석 또는 블로그 형태 등을 이용하고 있다. 더욱이 콘텐츠 저장비용이 매우 저렴하다는 점에서 인터넷은 폭넓게 접근 가능한 정보의 양을 증대시키고 있다. 디지털 리터러시가 가능한 독자는 이 같은 인터넷 자료들로부터 혜택을 볼 수 있다. 그러나 적어도 미국의 지역차원에서 보면 인터넷은 이용 가능한 지역뉴스의 양에 관한 한 별 영향을 미치지 않는 것 같다. 인터넷상에서 대부분의 미국 지역뉴스는 전통적인 미디어의 웹사이트에 의존하고 있는 실정이다.[11]

공급측면에서 살펴보면, 영국처럼 방송에 상당한 정도의 공적 보조 전통을 가지고 있는 국가들은 자신들의 노력의 범위를 더 확장

---

11) Hindman(2011) 참조. Voice of San Diego, dk 같은 제한적인 숫자의 인터넷상에만 존재하는 지역뉴스 사이트가 있는 정도이다. 자세한 내용은 available at http://voiceofsandiego.org 참조.

할 수 있을 것으로 보인다. 수용자가 방송 플랫폼으로부터 떨어져
나가는 경우 공적 보조는 다른 플랫폼을 대상으로 하거나 아니면
적어도 간접적 대상으로 이들을 고려해야만 하기 때문이다. 이러한
문맥에서 보면 외부의 시각으로는 오프콤이 수년 전에 공공서비스
방송 모델(PSP: Public Service Publisher) 제안을 거절한 것은 흥
미롭다 하겠다. 동 모델은 적어도 부분적으로나마 지상파방송 플랫
폼에서 공적 서비스 콘텐츠 제작에 대한 보조를 분리하는 안이었기
때문이다.[12] 그러나 어떤 의미에서는 BBC가 주도하는 사업(유명한
iPlayer 등)이 이러한 역학관계를 구체화한 것이라고도 볼 수 있다.

최근에 FCC 보고서인 "지역공동체의 정보수요(The Information
Needs of Communities)"(INC Report: see Waldman 2011)를 보
면, 미국에서의 특정 뉴스카테고리상에 대한 문제점을 지적하고 있
다. 특히 탐사보도나, 주정부를 포함한 주차원의 뉴스가 지적된다.
탐사보도가 가지는 공공재 및 외부성이라는 특성은 너무 자명하다.
보조지원이든 아니든 간에 공공정책 수단들은 이러한 부분을 대상
으로 할 경우 보다 유용할 것으로 생각된다. 탐사저널리즘과 관련
하여 적어도 미국에서의 위기는 분명해 보인다. 이는 독립적이고,
탐사형식 저널리즘 주체들의 생각은 일반적으로 정부의 자금지원
을 탐탁지 않게 생각하기 때문이다. 따라서 정부의 재정 지원은 중

---

12) Chris Tryhorn, "OFCOM Scraps "Public Service Publisher" Plans," Guard-
    ian, 12 Mar. 2008, http://www.guardian.co.uk/media/2008/mar/12/
    ofcom.digitalmedia 참조.

간자적인 기부가 가능한 조직을 통해서 이루어질 수 있을 것이다. 이렇게 하면 그러한 거부감을 일정부분 완화할 것이기 때문이다. 어떤 의미에서는 이는 미국의 CPB(Corporation of Public Broadcasting)가 가지고 있는 철학이기도 하다.

내적인 다원성은 물론 외적인 다원성조차 강제하려고 하지 않는 미국에서 210개의 지역 텔레비전 시장 내 소규모 사업자는 커다란 압박 속에 있다. 소유권 차원의 다원성과 제작 효율성과의 사이에는 상호 상쇄관계가 존재한다. 보다 작은 시장규모 하에서는 생존할 수 있는 독립적인 상업 텔레비전의 출구는 매우 작을 수밖에 없다. 이러한 문제는 현재 미국에서 벌어지고 있는 주요하고도 공개적인 규제 이슈이다. 매 4년마다 FCC는 의회가 부여한 의무로서 방송사업자의 소유권 규제원칙을 검토하여야 한다. 이에는 라디오, 텔레비전 소유권의 지역에서의 시장제한 규제가 포함된다.[13] 더욱이 최근에는 동일시장에 있는 방송국 간에 다양한 협업이 이루어지고 있으며, 이중 일부는 규제대상이기도 하고 일부는 그렇지 않기도 하다. 규제대상이 아닌 경우로 동일 시장에서 뉴스 수집을 위한 협업 형태인 '공유서비스협정(shared service agreements)' 같은 것이 있다.

이러한 협정은 여전히 논쟁거리이기도 하다. 예를 들어 그런 협

---

13) FCC, Notice of Proposed Rulemaking in MB Docket No.09-182 and 07-294(2011), http://hraunfoss.fcc.gov/edocs_public/attachmatch/FCC-11-186A1.pdf의 194-08절이나 관련 논의 및 협약 및 조정에 관한 내용 참조.

정이 없는 경우 지역 뉴스가 줄어들 것이라고 주장하는 사람들이 있다. 이들에 따르면 동일 뉴스물에 대해 독립적인 편집권은 유지하고 서로 다른 관점을 제시하는 한에서 방송사들이 뉴스 수집을 공유하는 것은 가능하다는 주장이다. 영국의 경우 법적으로는 아니지만 실제적으로 많은 시장들이 독립적인 한 개의 상업주체만을 지원하는 것이 가능한 것으로 보인다. 지역 상업 라디오 방송사에 대한 소유권 제한이 없으며, 위에서 살펴보았듯이 오프콤은 최근 들어 십여 개의 도시를 묶어서 단 한 개의 지역디지털텔레비전서비스 면허를 발급하기도 하였다. 영국의 기존 텔레비전 방송사들은 몇 개의 리저널(regional) 콘텐츠를 가지고 전국을 대상으로 제공하고 있다.

FCC의 INC 보고서가 내부 직원과 외부 전문가로 구성되어 작성되었으나 FCC에 의해 공식적으로 채택되지 않았었다. 상기의 맥락에서 동 보고서의 다음과 같은 권고가 고려되어야만 한다.

위에서 언급한 바와 같이, 미국에서의 저널리즘 문화는(물론 다른 지역도 유사함) 정부의 지원에 대해 거부감을 가지고 있고 특히 탐사 저널리즘의 경우 회사의 독립성을 이로 인해 타협대상으로 만들 수도 있다는 점에서 더욱 그러하다. 따라서 정부정책이 독립적인 비영리의 탐사 저널리즘을 지원하거나 고무하는 일은 어려울 것으로 판단된다. 예를 들어 미국의 한 사업자가 비영리로 많은 사람들로부터 지원을 받아 탐사 저널리즘을 제작하는 경우 이런 형식의 지원을 돕기 위한 세제상의 혜택을 고려할 수 있을 것이다. 예를 들어 미국의 ProPublica는 이와 유사한 형태의 주요한 조직이다. 동 조직의 웹사이트에서 밝히고 있는 활동들을 살펴보면 다음과 같다.14)

ProPublica는 독립적이고, 비영리의 공익을 위한 탐사보도를 하는 뉴스기관입니다. (중략) 우리가 제공하는 모든 기사는 그 영향력을 극대화할 수 있는 방향으로 배포되고 있습니다. 'deep dive'라는 많은 기사들이 전통적인 뉴스기관에 출판과 방송용으로 배타적으로 그리고 무료로 제공되고 있습니다. 우리는 2012년에는 80개 이상의 위와 같은 기사를 25개의 서로 다른 협력사에 제공한 바 있습니다. (중략) 우리가 제공하는 모든 기사는 이른바 Creative Common licence 하에서 얼마든지 재인쇄가 가능합니다. (중략) Sandler Foundation은 ProPublica에 출범부터 자금지원을 해주는 주요 후원기관입니다. 여타의 헌신적인 기부 또한 이루어지고 있습니다. 그러나 여전히 기부가 필요한 상황이기도 합니다. (중략) ProPublica는 광고도 받고 있습니다. 그리고 우리는 지속적으로 전자책과 같은 새로운 자금원을 찾을 것입니다. 비록 크고 작은 자선 기부일지라도 우리의 미래를 위해 당분간은 주요한 자금원이 될 것입니다.

---

14) http://www.propublica.org/about 참조.

미국에서의 대부분의 텔레비전 출구는 C-SPAN이라고 하는 채널 서비스 한 개 이상을 송출하고 있다. 이 서비스의 웹사이트상에 나타난 활동사항은 다음과 같다.[15)]

C-SPAN(Cable-Satellite Public Affairs Network)는 공적 서비스의 일환으로 1979년 케이블사업자에 의해 설립된 사적인, 그리고 비영리의 회사입니다. 우리의 미션은 정치적 과정에 공공의 접근성을 제고하는 것입니다. C-SPAN은 정부의 지원을 전혀 받지 않으며, 오로지 C-SPAN을 송출하는 케이블이나 위성사업 관계사로부터 받는 요금을 재원으로 운영되고 있습니다.

C-SPAN은 세 개의 영상채널을 제작하고 있고 그중 하나는 주로 미 하원 관련 영상이다. 다른 하나는 미 상원이며 세 번째 채널은 국가적 이벤트에 대한 보도를 주로 하고 있다. C-SPAN은 또한 웹사이트를 통해 스트리밍 서비스도 제공하고 있고, 워싱턴-볼티모어 지역을 대상으로 라디오 방송을 통해 콘텐츠를 제공하고 있기도 하다. 전국적으로는 위성 라디오를 통해 가입자 대상 서비스를 하고 있다. 미국 50개 주에는 23개의 공적 관심사를 다루는 주 단위의 네트워크가 존재하고 District of Columbia에도 1개의 네트워크가

---

15) http://www.c-span.org/About/About-C-SPAN 참조.

있다. C-SPAN이나 주 단위의 네트워크 예를 기반으로, 주 단위의 뉴스나 정보의 양을 증대시키는 것이 가능할 것이며, 기존 주 단위 네트워크상의 출구를 확대하거나 다른 주로 확대시키는 일이 가능할 것이다.

공익 콘텐츠에 대한 추가적인 자금조달 지원책을 찾는 것 이 외에도 비용을 줄이는 방법을 모색하는 것도 중요하다. INC보고서에서 제시하는 방법으로는 저널리즘 학교에 이른바 '전공의 제도 medical resident)'모델을 적용하는 방안이 있다. 저널리즘 학교에서의 교육을 실질적인 직무교육 경험이 되게 하면 저널리즘 학교 졸업생들의 스킬 향상도 도모하고 적은 비용으로 인력을 계속해서 공급하는 창구가 되게 할 수 있다. 정부차원에서의 비용 감소책을 보면 정부의 모든 부문에 사용자 친화적인 온라인상의 공공 정보를 제공하는 것 또한 정부의 성과를 감시하는 비용을 감소시키는 효과가 있다. 계속해서 늘어나는 정부 조직들이 이렇게 하고 있는데 이러한 개념을 보다 확장할 수 있는 여지가 있다. 이와 함께 이른바 '컴퓨테이셔널 저널리즘(computational journalism)' 즉 공적 투자가 가능한 기술이나 소프트웨어를 개발하여 저널리스트들이 많은 양의 공공데이터를 보다 실질적이고 저렴하게 분석하게 도와주는 것도 한 방안이다(구체적인 예는 Hamilton and Turner, 2009).

▌성과 매트릭스

본 장의 관심분야와 관련된 규제논의를 하기 위해서는 적어도 규제기관이 미디어 성과를 어떻게 측정할 것이며, 이에 따른 규제 수단들의 유용성 평가를 어떻게 할 것인가에 대한 간략한 논의가 요구된다. 비경제적 목적 달성이라는 측면에서 보면 특히 그러하다. 오프콤은 미디어 다원성 측정과 관련하여 어떤 시점에서도 주관적인 판단이 개입될 수밖에 없어 쉽지는 않다고 조언하고 있다.16) 공공서비스방송에 대해 Ofcom이 실시하는 전반적인 성과평가 절차는 투입부문에는 지출 등을, 산출부문에는 시청량이나 상당히 구체적인 서베이를 통해 산출되는 만족도 등이 포함된다. 그러나 이러한 측정이 다원성 목표를 얼마나 잘 충족하고 있는지 분명하게 평가하기는 쉽지 않다. 다원성이나 다른 목표들과 관련된 평가기법은 성과가 해당시점에 얼마나 만족스러운가에 대한 평가 차원보다는 시간이 지남에 따라 트렌드를 나타내는 지표로서는 괜찮은 것 같아 보인다.

미국의 경우 방송사업자의 성과에 대한 세세한 또는 명확한 평가는 존재하지 않는다. 법상으로는 방송사 면허가 방송사가 공익 및 편익, 필요성에 기여하고 있는지 여부, Communication Act 및 FCC의 규칙 위반 여부, 그리고 다양한 형태의 남용 여부에 따라

---

16) Ofcom, *Measuring Media Plurality*, p.2 참조.

갱신하는 것으로 되어 있기는 하다.[17] 역사적으로 FCC는 방송사업
자들에게 자신들의 조직, 활동 등에 관한 정보공개 자료를 관리하
도록 하고 있다. 또한 공중 그 누구나 방송사에 들러 정보를 열람할
수 있는 권한을 가진다. FCC 규칙에 따르면, 그중 하나는 이른바
이슈 프로그램(issue-programs) 목록이어야 한다. 이 목록은 분기
별로 생성되고 지역 공동체의 가장 중요한 이슈를 방송사의 결정에
의거 취급하는 경우에 해당하는 프로그램 목록이다. 그러한 정보는
FCC에 제출해야 하는 것은 아니고 면허의 주기적 갱신 과정에 중
요한 참고 기준은 아니다. FCC는 이른바 '상위정보공개(enhanced
disclosure)' 과정을 통해 방송사로 하여금 프로그램과 관련된 별도
의 그리고 세세한 회계자료를 요구하고자 했다. 여러 가지 이유로
FCC는 회계자료 요구를 추진하진 않았지만 INC 보고서의 권고에
따르면 방송사업자가 FCC가 운영하는 온라인상의 데이터베이스에
공개정보 자료를 올릴 것을 요구하기로 한 바 있다. FCC는 계속해
서 이슈 프로그램 리스트를 재정비하는 방안을 검토하고 있고 라디
오 방송국에 대해서도 회계자료 등 추가 공개요청 여부를 검토하고
있다.[18]

---

17) 47 U.S.C. §309(k) 참조.

18) *Second Report and Order in MM Docket No. 00-168 and MM Docket
No. 00-44(2012)*, http://hraunfoss.fcc.gov/edocs_public/attachmatch/FCC
-12-44A1.pdf; *and Notice of Inquiry in MB Docket* No. 11-189(2011),
http://hraunfoss.fcc.gov/edocs_public/attachmatch/FCC-11-169A1.pdf

본질적으로 성과를 양적으로 측정하는 것이 어렵고 특히 방송
(정)책의 비경제적 목표에 대해서는 더욱 그러하며, 미국의 경우 특
히 콘텐츠에 대한 규제가 쉽지 않다는 점에서, 방송사의 활동에 관
한 정보를 공개하여 이용 가능하게 하는 것이 방송의 성과를 향상
시키고 유지하는 데 좋은 유인이 된다고 생각한다. 이를 통해 공중
은 유사한 방송사들 간의 시장은 물론 상이한 방송사 간의 시장에
서 방송사의 성과 변화를 모니터하고, 다른 방송사와 성과 비교를
하는 것이 이전보다 쉬워지게 될 것이다.

영국과 미국에서 비방송 채널 역시 공익 프로그램에 기여하고 있
지만, 이와 관련한 검사는 낮은 단계에 머물러 있는 상황이다.[19]
방송사업자에 대한 명확한 평가 매트릭스가 없는 가운데, 그리고
여타 미디어의 증가에 따른 치열한 경쟁으로 정부의 정책적 간섭이
덜 실용적이거나 필요치 않게 여겨지는 상황에서, 정책입안자들이
할 수 있는 최선은 방송사의 정보보고의 투명성을 제고하고 규제원
칙이 작동할 수 있도록 공중의 압력에 더 신경 쓰는 것이다.

참조.

19) 영국에서는 몇몇 디지털 지상파 채널들은 매우 제한적인 공공 서비스 의무
   를 부담하고 있다.

▌주요 경쟁 이슈

미국과 영국에서의 미디어 규제자들은 수많은 경쟁 이슈, 지상파 방송이나 여타 비디오 전송 플랫폼의 등장과 관련한 수평적 그리고 수직적 경쟁 이슈를 평가하여야 한다. 지면상 일부분만 다루도록 하겠다. 수평적 차원에서 보면, 아마도 가장 큰 이슈는 지상파방송의 대체가능성, 유료방송이나 인터넷 등 여타 플랫폼과 관련한 경제적 그리고 다원성 목표가 될 것이다. 새로운 그리고 규제를 받지 않는 플랫폼의 출현 속에 전통적 방송사업자에게 부과되고 있는 몇 가지 의무들이 유지할 수가 없게 되거나 불필요해질 수 있다. 이 문제는 어려운 숙제이다. FCC는 의회로부터 몇 가지 지침을 받고 있으나 다양한 분야에서 조심스럽게 접근하고 있는 상황이다.

현재 진행되고 있는 상황에서 지적해야 할 것은 FCC의 연차보고서 중 "영상시장 경쟁에 관한 보고서(Video Competition Report)"라 하겠다. 동 보고서는 의회의 지침에 의거 작성된 것이고 다채널 비디오 프로그램 전송사업자(MVPDs)와 텔레비전 방송사업자들, 온라인 비디오 전송사업자(OVDs)들로 구성된 전략그룹이 참여하였다. 보고서는 서로 상호 관계는 가지고 있지만 세 가지 집단을 구분하여 분석하고 있다. 1992년 케이블법의 입법과정에 근거하여, FCC는 오래전에 텔레비전 방송사업자만으로는 케이블 사업자를 대체하여 요금을 묶어 두기에는 충분하지 않다고 결론을 내린 바 있다. 이에 MVPD 시장은 독립적인 산출물 시장으로 두기로 하였다.[20] 케이블 방송이나 직접위성방송은 물론 지상파방송과 같은 선형 비디오 프로그램을 시청하는 사람은 증가하고 있다. 시간이나 장소의 구애를 받지 않고 시청할 수 있는 OVD의 기능은 적어도 어느 정도는 선형 전송 플랫폼을 대체한다기보다는 보완적인 서비스로 작동하고 있다. 물론 유선 또는 무선의 초고속 광대역 인터넷 보급으로 이러한 상황의 변화가능성은 있다. FCC는 이러한 이슈를 Cmcast-NBCU의 합병 사례에서 검토한 바 있다. FCC는 관련하여 다음과 같이 결론짓고 있다. 즉 오늘날 대부분의 소비자들이 온라인 비디오 전송사업자(OVD: Online Video Distributor) 콘텐츠를 자신들의 다채널 비디오프로그램 전송사업자(MVPD: Multichannel Video Programming Distributor)를 대체할 정도로 시청하지는 않으나, 부가적인 프로그램 시청방법의 일환으로 보고 있다는 것이다.[21]

수평적 경쟁 이슈와 관련하여, 지역시장에서의 소유권 제한이 여러 가지 공익 정책의 목적에 미치는 영향은 이미 논의가 진행된 바

---

20) FCC, *Fourteenth Report* in MB Docket No.07-269(2012), n. 5, http: //hraunfoss.fcc.gov/edocs_public/attachmatch/FCC-12-81A1.pdf 참조.

21) 그러나 Comcast와 같이 수직적으로 결합된 사업자의 경우 다른 단독 OVD 사업자들이나 전통적인 MVPD 사업자들의 경쟁을 저해하려는 유인과 능력이 있음을 지적하고 있다. 이러한 결론에 따라 FCC는 합병하는 사업자에게 일정 제약조건을 부과하고 있다. 자세한 내용은 FCC, *Memorandum Opinion and Order* in MB Docket No.10-56, paragraphs 61, 79, http:// hraunfoss.fcc.gov/edocs_public/attachmatch/FCC-11-4A1.doc 참조.

있다. 텔레비전이나 라디오 방송사들을 특정 지역 시장에서 공동 소유하게 되면 프로그램의 다양성이 증가되기도 하고 심지어 따로 있으면 생존이 불가능하다는 점에서 다양한 출구를 유지하게 한다고도 본다. 그러나 함께 소유하는 경우 독립적인 게이트키퍼의 수가 줄어들게 되고 이는 관점의 다양성이라는 가치를 훼손하게 하기도 한다.

　콘텐츠 제공사업자와 전송 플랫폼 간의 관계에 있어서 주요한 수직적 경쟁 이슈는 수직적 결합에서만 주로 또는 배타적으로 나타나는 이슈는 아니다. 수직적으로 결합한 위성/케이블 프로그램 제작사(프로그램 네트워크를 소유하고 있는 케이블 운영사업자)들은 프로그램 공급 시 자신의 계열이 아닌 MVPD 사업자에게도 차별 없이 프로그램을 공급하여야 한다. 최근에 FCC는 수직적으로 결합하고 있는 위성/케이블 프로그램 제작사들이 맺고 있는 프로그램 전송계약 금지 규제를 이전의 건별 검토에서 포괄적인 검토로 대체한 바 있다.[22] FCC는 또한 재전송 동의에 관해서도 공개적인 절차를

---

22) 자세한 내용은 47 U.S.C. § 628 and FCC, Report and Order in MB Docket Nos. 12-68, 07-18, 05-192; *Further Notice of Proposed Rulemaking* in MB Docket No.12-68; *Order on Reconsideration* in MB Docket No.07-29, http://hraunfoss.fcc.gov/edocs_public/attachmatch/FCC-12-123A1.pdf 참조. 차별금지 규제는 본문에서 언급한 내용 이상으로 구체적으로 되어 있으며, 케이블 사업자들이 경쟁을 저해하는 불공평한 방법이나 기만적인 관행 등 차별적인 계약행위를 일반적으로 금지하고 있다. 이러한 규제를 통해 달성하려는 목적 또는 효과는 어떠한 MVPD 사업자들

밟도록 하고 있다.[23] 이를 통해 지상파 방송 사업자들이 MVPD 사업자들과 재전송 조건 특히 보상부문에 관해 협상할 수 있게 하고, MVPD 사업자들에게는 지역 텔레비전 방송을 재전송할 수 있게 하고 있다.

영국에서는 케이블보다는 위성사업자가 유료방송 시장에서 주요한 사업자인 관계로 위에서 언급한 수직적 경쟁 이슈가 Sky TV와 관련하여 특히 중요한 이슈가 되고 있다. 2010년 오프콤은 Sky로 하여금 두 개의 스포츠 채널인 Sky Sports1과 2를 오프콤이 책정한 요금에 Sky와는 다른 플랫폼의 소매사업자에게 제공하도록 하였다.[24] 동일한 결정이 프리미엄 영화관권 판매나 프리미엄 영화 서비스의 경우에도 적용될 경우 경쟁상황 관련 검토가 필요한지를 영국의 공정경쟁위원회(Competition Commission)에 오프콤이 요청

이 가입자나 소비자들에게 위성/케이블 프로그램 또는 위성방송 프로그램을 제공하지 못하게 하는 데 있다.

23) *Notice of Proposed Rulemaking in MB Docket* No.10-71 2011, http://hraunfoss.fcc.gov/edocs_public/attachmatch/FCC-11-31A1.pdf 참조.

24) 이러한 조처는 경쟁항소법원(Competition Appeal Trubunal)에 의거 기각된 바 있다. 자세한 내용은 See Ofcom, *Pay TV statement*(31 March 2010), page 1, http://stakeholders.ofcom.org.uk/binaries/consultations/third_paytv/statement/paytv_statement.pdf 및 In the *Competition Appeal Tribunal; British Sky Broadcasting Limited et al. v. Office of Communications*(8 August 2012), paragraph 5 et seq., http://www.catribunal.org.uk/238-7780/Judgment-Non-confidential-version.html 참조. 동 법원은 오프콤의 취지는 인정하기는 하나 이 건의 경우 오프콤의 부과조건은 적정치 않다고 판시하였다.

할 가능성도 있다. 영국의 공정경쟁위원회는 이러한 이슈에 대해 다음과 같이 언급한 바 있다. 즉 경쟁상황은 유료방송의 소매시장에서는 여전히 적정하지 않으나, 양 시장에서의 Sky의 위치는 특별하게 경쟁을 저해할 정도는 아니라는 것이다.[25)]

FCC는 또한 케이블 사업자와 다른 MVPD 사업자 그리고 영상프로그램 벤더들 간의 프로그램 전송 계약을 조정하는 규제체계를 만들도록 요구받고 있다. 동 요구에 따라 만들어진 규칙에는 MVPD 사업자들의 계열 또는 비계열에 따른 차별을 금지하고, 특히 공정한 경쟁을 위해 비계열 사업자들의 능력을 불합리하게 저해하는 행위를 금지하는 것을 포함한다.[26)] 예를 들어 테니스 채널(Tennis Channel)이 케이블 사업자인 Comcast가 자신들의 채널을 Comcast 계열의 스포츠 프로그램 채널(예를 들어 Golf Channel)에 비해 비선호 채널 티어에 위치시켰다고 주장했다. FCC는 테니스 채널의 손을 들어 주었으나, 법원(DC Circuit Court of Appeals)은 최근에 FCC의 결정을 증거상의 문제를 들어 번복했다.[27)]

---

25) UK Competition Commission, *Movies on Pay TV Market Investigation*, 2 Aug. 2012, pp.8-9, http://www.competition-commission.org.uk/assets/competitioncommission/docs/2010/movies-on-pay-tv/main_report.pdf 참조.

26) 47 U.S.C. §536 and 47 C.F.R. §76.1301(c) 참조.

27) *Tennis Channel, Inc. v. Comcast Cable Commc'ns, L.L.C.*, Memorandum Opinion and Order, 27 FCC Rcd 8508(2012), http://hraunfoss.fcc.gov/edocs_public/attachmatch/FCC-12-78A1.pdf; *rev'd sub nom.*

콘텐츠 제공 사업자와 전송 플랫폼 간의 수직적인 상호관계 관련
이슈는 인터넷에서도 야기된다. 콘텐츠 제공 사업자(일명 어플리케
이션 제공 사업자)들에게 혁신의 유인을 제공하는 방식으로 해결하
거나, 인터넷 서비스 제공 사업자(ISP: Internet Service Provider)
의 설비투자 혁신 유인을 제공하는 방식 등의 해결방법에 의문이
지속적으로 제기되고 있는 상황이다. 기술이나 비즈니스 환경은 빠
르게 변화하고 있고, 이 분야에 대한 '인터넷 공개 명령(Open
Internet Order)'과 같은 FCC 정책 추진은 법원의 검토를 받고 있
다.[28] 동 명령은 유선 광대역 인터넷서비스 사업자에게 합법적인
네트워크 트래픽이 전제된 경우 '비합리적인 차별 금지'라는 규칙을
천명하고 있다. 또한 '우선권 요금 지불(pay for priority)' 협약, 즉
콘텐츠 또는 어플리케이션 제공 사업자가 광대역 인터넷 사업자에
게 요금을 지불하고 특정 가입자 또는 가입자 일반에게 다른 트래
픽에 우선하여 직접 또는 간접적인 방법으로 우선권을 부여하는 협

Comcast Cable Commc'ns, LLC v. FCC, No.12-1337(D.C. Cir.,
decided 28 May 2013) 참조.

28) FCC, Report and Order in GN Docket No.09-91 and WC Docket
No.07-52(2010), esp. paras. 54-5(transparency); paras. 63-4(no blocking
of lawful content by fixed broadband providers); paras. 68-9(no un-
reasonable discrimination by fixed broadband providers); para. 76(pay
for priority); paras. 35-6(interference with peer-to-peer video file tra-
ffic); paras. 93-4(treatment of mobile broadband), http://hraunfoss.
fcc.gov/edocs_public/attachmatch/FCC-10-201A1.pdf, Appealed *sub nom.*
Verizon v. FCC No.11-1355 DC Circuit.

약은 상기의 '비합리적인 차별 금지' 규칙을 위배할 가능성이 있다
는 것이다. 더욱이 '인터넷 공개 명령'을 채택하기 2년 전에 FCC는
주요 케이블 ISP에 대해 비디오파일 공유에 사용되는 이른바 peer-
to-peer 트래픽에 관여하는지 여부에 대해 강제 조사절차를 진행하
기로 하였다.[29] IPS 사업자들이 독립적인 업스트리밍 콘텐츠(IPS
사업자들이 제공하는 콘텐츠와 직접적으로 경쟁하지 않을 수도 있
음)를 차별한 가능성은 무시할 수 없는 것이다.[30]

---

29) *Memorandum Opinion and Order* in WC Docket No.07-52; File No.
EB-08-IH-1518(2008), http://hraunfoss.fcc.gov/edocs_public/attachmatch/
FCC-08-183A1.pdf, reversed on other grounds, Comcast v. FCC, 600
F.3d 642(2010), http://www.cadc.uscourts.gov/internet/opinions.nsf/
EA10373FA9C20DEA85257807005BD63F/$file/08-1291-1238302. pdf 참조.

30) 비록 '인터넷 공개 명령'이 이른바 '비합리적인 차별금지' 규칙을 무선 광대
역서비스에는 적용되지 않는다 하더라도, 무선 공간에서는 이와 유사한 비
즈니스 계약이 등장할 수 있다. 최근에 스포츠 네트워크인 ESPN이 무선
네트워크를 통한 ESPN 콘텐츠에 접근한 가입자의 경우 자신의 월 데이터
용량에 동 콘텐츠 사용량이 산입되지 않게 하기 위해 한 개 또는 두 개의
무선 사업자에게 요금을 지불한 가능성을 제기했다.
자세한 내용은 A. Sharma, E. A. Spencer and A. Troianovski, "ESPN
Eyes Subsidizing Wireless-Data Plans," *Wall Street Journal*, 9 May
2013, http://online.wsj.com/article/SB1000142412788732405970457847
3400083982568.html 참조.

▌결 론

기술적 변화가 지난 20여 년 동안에 미디어 환경을 새롭게 만들고 있고, 시민 또는 소비자의 선택권을 대폭적으로 확대시켜 소비자 복지를 증진시키고 있다고들 말한다. 그러나 소비자의 선택권을 확대시키고 있는 이러한 기제가 동시에 정부에게는 그들이 추구하고자 하는 미디어 분야의 비경제적인 목표와 같은 공적인 정책 목표를 추구하는 데 많은 어려움을 주고 있는 것도 사실이다. 다양성이나 다원성이라는 가치를 증진하기 위해 정부가 취할 수 있는 정책 대안은 분명히 존재한다. 이러한 정책은 기존의 방송 규제 정책을 포함하기도 하지만 여기에만 국한되어서도 안 될 것이다. 그러나 이러한 정책들은 과거 시대의 정부가 행사했던 과거의 정책수단이 미디어 환경에 미친 영향력에는 미치지 못할 것이다. 정책 입안자들이나 규제기관들은 인정하기 어려울지 모르나, 새로운 미디어 세상은 그들의 영향력을 약화시킬 것이고, 그들 또한 이러한 환경에 적응하며 살아야 할 것으로 보인다.

┃ 참고문헌 ┃

Barwise, P., and R. G. Picard. 2012. *The Economics of Television in a Digital World: What Economics Tells us for Future Policy Debates*(RISJ), available at https://reutersinstitute.politics.ox.ac.uk/fileadmin/documents/Publications/Working_Papers/The_economics_of_television_in_a_digital_world.pdf

Hamilton, J., and F.Turner. 2009. *Accountability through Algorithm: Developing the Field of Computational Journalism*, mimeo, available at http://dewitt.sanford.duke.edu/wp-content/uploads/2011/12/About-3-Research-B-cj-1-finalreport.pdf

Hindman, M. 2011. *Less of the Same: The Lack of Local News on the Internet*(FCC Media Study, 6), available at http://hraunfoss.fcc.gov/edocs_public/attachmatch/DOC-307524A1.pdf

Mullainathan, S., and A. Shleifer. 2005. "The Market for News." *American Economic Review*, 95: 1031.

Waldman, S. 2011. *Information Needs of Communities: The Changing Media Landscape in a Broadband Age*(FCC), available at http://transition.fcc.gov/osp/increport/The_Information_Needs_of_Communities.pdf

6
방송은 또 다른
재화인가, 서비스인가?

| 앤드류 그레이엄(Andrew Graham)

방송은 또 다른 재화인가, 서비스인가 하는 문제는 이 책의 앞 장에서 경제적, 정치적 분석을 통해 어느 정도 분명해진 것 같으나 아직 충분치 않다. 오히려 이 문제는 공공정책과 직접 상충된다. 예를 들어 방송이 다른 시장 매체 서비스라면 우리는 BBC를 폐쇄하여야 하는가? 그리고 방송이 일반 기업과 같이 해석된다면 방송은 어떤 모습일까? 예를 들어 민간분야에 대한 장점이 있다 해도 위성방송 사업자인 스카이(BSkyB) 사업이 지금보다 훨씬 더 큰 규모가 되었을까? 반대로 방송은 또 다른 서비스가

아닌 경우, 어떻게 조직되어야 하는가?

이러한 관점에서 방송정책이 최근 어떻게 변화되었는지를 묻는 질문이 있다. 실제 이것은 방송정책이 변화되었는가의 문제가 아니라, 시장 기능에 대한 우리의 관점에 대한 질문이다. 10여 년 전의 이른바 '워싱턴 컨센서스(Washington Consensus)'[1]는 오늘날까지 통용되고 있다(정부 규제를 최소화하고 필요한 경우 규제를 완화하고 상품과 서비스가 시장을 통해 보다 더 많이 유통될수록 사회적 복리가 증대된다). 방송이 또 다른 재화나 서비스라고 가정한다면 시장 기능이 전제되어야 하는가 하는 질문이다.

반대로 2008년 경제 위기 이후, 자본주의에 대한 상당히 냉소적인 견해가 있다. 그리고 이로 인해 학계에서는 시장 기능의 기본 가정에 대한 회의를 갖게 되었고, 자유경제주의자들이 주장하는 것처럼 시장 기능이 작동하지 않는다는 것을 알게 되었다.

방송 및 미디어의 세계도 비슷하게 격동기를 맞이하였다. 2010년 초 BSkyB에 대한 뉴스인터내셔널(News International)의 입찰은 우호적인 분위기에서 출발했다. 12월까지 모든 것이 계획에 따라 순조롭게 진행되었다. 그런데 빈스 케이블(Vince Cable) 장관은 오프더레코드를 전제로 하긴 했으나 부주의하게 당시 입찰 내용에

---

1) 1989년 존 윌리엄슨이 남미를 포함한 개발도상국에 대한 개혁 처방을 제시한 것이 '워싱턴 컨센서스'로 유래되었으며 미국식 시장경제 체제를 주 골자로 한다. 미국식 신자유주의 정책을 기반으로 1990년대 동구권의 민주화와 아시아 국가의 경제 위기 시에 개혁 정책의 기본원칙을 제공하였다(역자 주).

대하여 언급하였으며 그로 인해 사임 압박을 받았다.[2] 그럼에도 입찰 절차는 잘 진행되는 것처럼 보였다. 그러나 7개월 후 뉴스인터내셔널의 스캔들은 사회적 이슈가 되었다. 2011년 7월 일련의 '전화도청 사건' 관련 폭로로, 뉴스오브더월드(News of the World)를 폐간하고, BSkyB에 대한 공개 입찰을 철회하게 되었다. 더구나 얼마 후 루퍼트 머독(Rupert Murdoch)은 상장기업 미디어 소유자로 적합하지 않다는 선언을 받았다.[3]

BBC도 전성기와 고난기를 겪었다. 가장 최근의 전성기는 2012년 여름이라는 데 의심의 여지가 없다. 전 세계를 상대로 영국이 매력적인 선진국임을 알리는 방송을 통해 올림픽 이후 BBC는 지난 10년간 어느 때보다 높이 평가되었다. 그러나 몇 달 후인 2012년 11월 BBC는 새빌 스캔들(Savile scandal)[4]에 빠지게 되었다. 며칠

---

2) 2010년 당시 영국 기업혁신기술부(Department for Business, Innovation and Skills) 장관인 빈스 케이블은 루퍼트 머독 그룹이 스카이 위성방송을 인수하는 계획을 (비공개적으로) 신랄히 비판한 인터뷰 내용이 언론에 공개되어 사임 압박을 받았으며 이후 보수당 연립정부(2010~2015)내에서 그의 역할은 상당히 축소되었다(역자 주).

3) The House of Commons Culture Media and sport select committee said he was not a fit person to run a major public company: http://www.bbc.co.uk/news/uk-politics-17898029. 그러나 소위 'fit and proper' 테스트는 Ofcom에 의해 이루어졌고, Sky는 방송을 유지할 만한 소위 fit and proper 사업자로 결정되었다. http://www.bbc.co.uk/news/business-19658811 참조.

4) BBC 라디오와 TV 프로그램의 유명 진행자인 지미 새빌(Jimmy Savile) 사망 이후 그가 생전에 여러 차례 아동학대를 했다는 주장이 제기되어 청문회

후, 시사 프로그램인 뉴스나이트(Newsnight)가 보수당 고위 정치
인을 소아성애병자라고 주장하면서 위기는 더욱 악화되었다. BBC
의 신뢰받는 시사 프로그램 중 하나인 뉴스나이트 프로그램은 언론
의 기본인 사실 확인을 하지 않았다(Pollard and MacQuarrie 보고
서 참고).[5]

이러한 문제를 다음 두 가지 방송정책 관점에서 언급한다. 첫째,
시장에 있는 재화나 서비스가 보다 더 개방적인가 하는 질문이다.
둘째, 뉴스인터내셔널 사태와 BBC 사건은 단순하고 수많은 경쟁사
건보다 주요 미디어기업의 시장 지배력과 권위에 대한 유효한 사례
를 보여 준다고 할 수 있다.

와 경찰 조사가 시작되었다. 당초 이 주장은 BBC 탐사 프로그램인 뉴스나이
트(Newsnight)에 방송되기로 예정되어 있었으나 취소되었고 상업방송인
ITV에서 먼저 방송되었다. 이 사건은 당시 BBC 사장이 임기 시작 50여 일
만에 사임하는 단초가 되었다(역자 주).

5) 자세한 내용은 ReedSmith, The Pollard Review: Report, 18 Dec. 2012,
http://downloads.bbc.co.uk/bbctrust/assets/files/pdf/our_work/pollard
_review/pollard_review.pdf 및 BBC Trust, Findings of the Editorial
Standards Committee of the BBC Trust, 14 Dec. 2012, pp.10-24, http://
downloads.bbc.co.uk/bbctrust/assets/files/pdf/appeals/esc_bulletins/
2012/newsnight_2nov.pdf 참조.

▌ 분석: 경제적 주장

방송 분야의 환경이 변화한다고 해서 경제적 분석이 더 이상 통찰력이 없다는 것을 의미하지는 않는다. 나는 이러한 문제에 대해 이전에 많은 저술을 하였기에(Graham and Davies, 1997; Graham, 1998, 2000; Graham et al., 1999) 반복하지 않겠다. 언급된 바와 같이, 이 책의 이전 저자들은 이미 세 가지를 고려하였다. 방송은 공공재인가, 어느 정도 외부성 효과를 창출하는가, 그리고 방송의 가치재(a merit good)에 관한 질문이다.

이 세 가지 중 여기에서는 가치재에 대하여 추가 언급코자 한다. 가치재는 개인에게 혜택을 주는 상품이나 서비스이지만 박식한 사람이라도 구매하거나 장시간 사용 이후가 아니면 인식하지 못한다. 일상적인 사례의 하나는 어린 시절에 자신의 치아에 관심을 두는 것이라든가 일반적인 의료 서비스에 관한 것이다. 가치재는 경험재 상품을 포함한다. 경험재는 사람이 경험한 후 얼마나 유용한 것인가를 깨닫는 상품을 가리킨다. 대부분의 교육도 이러한 종류의 것이다.

이 문제와 관련하여 두 가지에 초점을 두고자 한다. 첫째, 대부분의 경제모델은 소비자는 합리적이며 완전한 정보를 제공받고 상품을 구매한다는 핵심 가정에 근거하여 작동하는 것으로 상정하기 때문에 가치재를 모델링하는 것은 어렵다. 가치재의 문제는 정의상 소비자는 물건을 구매한 후 또는 상당기간 후에 정보를 알게 된다는 점이다.

둘째, 이미 알고 있는 바와 같이 방송은 경험재이며 가치재에 속한다. 자연에 관한 프로그램이 있다고 하자. 누군가 사전에 비용을 지불해야 한다면 잘 보지 않을 수 있다. 그러나 아텐버러 시리즈(Attenborough series)[6]를 본 사람이라면 자연에 대한 개념이나 자연에 대하여 변화된 관점을 가지게 된다. 그리고 이것은 공영방송에서 방송되었기 때문에 사용 시점에서 완전히 무료이다. 그 결과 우리는 구매해야 했을지도 모르는 것을 소비하게 된다. 또한 우리는 이 사실을 알아야 한다. 프로그램은 우리가 그것을 본 후 사라진다는 의미에서 소비되지만, 가치재는 어느 정도 투자를 필요로 한다는 것이다. 프로그램은 사라졌지만 우리의 마음에 머무르고 있으면 그 효과는 다시 몇 달 또는 몇 년에 걸쳐 남게 된다.

반대로 비가치재(demerit good)가 있다. 약이 대표적인 사례이다. 사람들은 약 구입을 위해 대가를 지불한다. 사람들은 즉각적인 효과를 기대하지만 장기적으로는 부작용을 가져온다. 따라서, 시장 관점에서 약은 우리에게 유익하나 우리는 그 효과를 아직 알지 못

---

6) 데이비드 아텐버러(David Attenborough)는 1952년 BBC에 입사 후 수많은 다큐멘터리 프로그램을 제작하여 영국뿐만 아니라 전 세계에서 20세기를 통틀어 가장 유명하고 존경받는 자연학자이자 진행자로 알려진 인물이다. 한국에서는 KBS의 '동물의 왕국'과 각종 다큐멘터리 특집 프로그램을 통해 그의 자연 다큐 프로그램들이 소개되었다. 1926년생으로 2015년 현재도 각종 자연 다큐멘터리를 제작하고 있다(역자 주).

한다. 그렇지만 우리는 사지 않을 수 없다. 반면 비록 약이 해악을 가져올 수 있지만, 우리는 기꺼이 지불하며 만족과 효과를 느끼게 된다. 결국, 이익을 추구하는 방송사는 가치재보다는 비가치재 성격을 가지는 프로그램을 제작한다. 반면 비록 다른 목적이 있지만 공영방송사는 우리의 경험을 확장하는 프로그램을 방송하고자 추구한다. 이러한 방송사의 존재 목적에 대하여 아래에서 더 언급하고자 한다.

▌분석: 제도적 틀

공공재(public good), 외부성(externalities), 그리고, 가치재는 경제적 분석의 표준 프레임이다. 그러나 이러한 분석에 근본적으로 누락된 것이 있다. 즉 시장을 만들고 구조를 형성하는 사회적 제도이다. 우리는 정치와 경제 두 가지로 생각할 수 있다. 먼저 경제적 문제를 살펴보자. 이미 언급한 것처럼, 경제학의 핵심 가정 중 하나는 시장이 잘 작동하고 소비자들에게는 그들이 선호하고 구하는 서비스와 상품에 대한 모든 정보가 제공되어야 한다는 것이다. 그 결과 소비자에게 정보를 제공하는 것은 시장에 선행하여야 하며 그것의 일부가 될 수 없다. 그리고 방송은 오늘날 소비자가 모든 정보를 얻는 중요한 방법이며 단순히 방송 그 자체만을 의미하지는 않는다.

제도가 시장에 선행할 필요가 있다는 점에 대해서는 상당한 공감이 있다. 애덤 스미스는 『국부론』을 저술하기 전에, 『도덕감정론 (*The Theory of Moral Sentiments*)』을 저술하였다. 이 저술에서 스미스는 시장이 작동하기 위한 다양한 요소를 열거하였는데 재산 권과 법적 강제력이 있는 계약을 기본적으로 포함한다. 비록 스미 스의 저작이 19세기에 일반적 투표권이 부여되기 전에 쓰여진 것이 긴 하지만 오늘날 시장 기능이 작동하기 위하여 기대되는 요소인 반부패나 민주주의는 부산물로 간주하였다.

오늘날 시장이 사회적 제도를 필요로 한다면 잘 기능하는 민주주 의 제도는 법에서 찾을 수 있다. 이것은 경제의 문제가 정치의 영역 으로 되는 부분이다. 이것은 민주주의가 또 다른 재화나 상품이 아 니라는 것을 명백히 보여 준다. 투표권을 판매하는 것이 시민으로 서 권리를 훼손하기 때문에 우리가 판매하지 않는 것은 아니다. 이 러한 행위는 권리를 사고파는 구조적 사회 이념에 반하기 때문이 다. 질문 한 가지는 '당신은 민주주의에 대해 얼마를 지불할 것인가?' 이다. 이는 한편으로 당신이 슈퍼마켓에 가서 살 수 없기 때문에 무의미하게 보일 수 있다. 다른 면에서, 우리는 민주주의가 존재하 지 않는 경우 민주주의를 높이 평가하고 그것을 달성하기 위해 투 쟁하는 것을 알고 있다. 방송은 엄청난 잠재력을 가지고 있으며 민 주주의를 방해하거나 그 핵심의 일부가 될 수 있다. 이 사실만으로 도 방송은 일반 상품이나 서비스와 달라진다.

뉴스인터내셔널과 BBC의 전성기와 곤경에 처한 상황 변화를 기 억해 보자. 언급한 바와 같이, 2010년까지 뉴스인터내셔널은 영국이 가진 주요한 방송사 중 하나이며 머독이 100% 소유권을 가질 것처럼 보였다. 그러나 불과 몇 개월 후, 영국 시민으로서 우리의 민주주의에 대한 의미들을 생각게 해주었다.

레버슨 청문회(Leverson Inquire)[7])의 증거와 전 세계에 걸친 사례를 보면 루퍼트 머독은 세 가지 요소에 기초한 전략을 가지고 있었다. 첫째, 그는 자신이 회사를 경영하고 있는 국가(호주, 미국, 영국)에서 고급지 신문과 대중 신문을 한 개씩 인수하였다. 둘째, 고급지 신문을 통해 그는 연예인이나 고위 정치인, 명사를 막론하고 해당 국가의 고위급 인사와 관계를 형성하였다. 셋째, 대중지를 소유함으로써 고위급 인사의 이야기를 대중에게 전할 수 있었다. 레버슨 청문회 자료에 의하면 영국에서 이러한 기사를 게재하는 행위는 고위인사들에게 하나의 지렛대로 사용되어 왔다. 사실 여기에서는 '지렛대'보다 더 강한 용어가 필요하다.

영향력 있는 일개 신문사가 유력 방송사 중 하나를 소유하고 그로 인해 국민들을 통제하는 일이 발생한다면 도대체 민주주의 국가에서 무슨 일이 일어나고 있다는 건가? 유명 인사들의 사생활은 손

---

7) 루퍼트 머독 그룹이 소유한 신문사(News of the World)의 전화도청 사건에서 시작하여 2011년부터 영국 언론의 언론 취재와 비윤리적인 문제를 조사하기 위해 설립된 레버슨 청문회는 17개월간 지속되었다. 이 청문회에서는 데이비드 캐머런 현직 총리, 토니 블레어 전직 총리, 루퍼트 머독, 영화배우 휴 그랜트 등 수많은 인물이 청문회에 출석하였으며 2010년대 영국 언론 개혁의 시발점이 되었다(역자 주).

상되었고, 조사해야 하는 경찰은 부패하였고, 정치인은 유권자를 대변하는 권리를 박탈당했다.

BBC는 최근에 몇 가지 큰 실수를 범했다. 그럼에도 불구하고, 일부 사람들은 뉴스코퍼레이션의 불법 전화 해킹사건에 비하면 아무것도 아니라고 생각한다. 의심의 여지는 있지만 공영방송이 정부와 미디어 재벌로부터 독립하고 있는가는 논쟁거리가 될 수 있지만 결국 공영방송이 영국 민주주의에 기여하고 있다는 면에서 BBC는 과거 어느 때보다 상당한 존재 이유가 있는 것으로 보인다.

▌실험적 사고

미디어에 대한 공공영역의 개입 필요성 문제는 오랜 시간 동안 논쟁거리였다. 언론의 자유에 대한 가장 유명한 방어는 1644년에 발간된 존 밀턴(John Milton)의 『아레오파지티카(Areopagitica)』이다. 밀턴의 핵심 주장은 언론의 자유가 원하는 대로 부여될 경우 진실은 결국 거짓을 몰아낸다는 것이다. 아마도 그럴 수 있지만 밀턴의 낙관주의 견해는 미국과 같은 가장 큰 미디어 시장의 사례를 보면 항상 정당화되는 것은 아니다. 토마스 만(Thomas Mann)과 노먼 오른스테인(Norman Ornstein)의 저술인 『보기보다 더 나쁜 것: 미국의 헌법제도와 신극단주의의 충돌(It's Even Worse than it Looks: How the American Constitutional System Collided *with in the New Politics of Extremist)*』과 같이 밀턴과 상통하는 결론을 보여 주는 사례는 많지 않다.

세 가지 점을 언급하고자 한다. 첫째, 만과 오른스테인 보고서에 따르면 미국 대통령 오바마의 출생증명서가 공개되고 미디어에게 제공된 후, 설문조사 결과 응답자의 3분의 1은 여전히 오바마는 미국 바깥에서 태어났다고 믿고 있다. 진실이 거짓을 밝혀 주지 못하고 있다. 둘째, 만과 오른스테인 보고서는 2012년 선거에서, 공화당 공약과 현실 문제 관련성은 민주당 정책과 현실문제에 대한 관련보다 낮다는 것을 보여 주고 있다. 사실관계를 확인하기 위해 만과 오른스테인 보고서를 직접 참조하기를 바란다.

'사실의 관계'를 살펴보면, 만과 오른스테인으로부터 알 수 있는 세 번째 지적은 사실에 기초한 사건이라고 하더라도 미국에서는 이상하게 보인다는 점이다. 저자들이 기술한 바와 같이 '사건의 규모가 어떻게 되어야 하고 또 어떻게 됐는지를 보면, 사건의 규모에 가중치가 주어져 있으나 이념적 편향성은 없다는 점이다. 오히려 이념적 편향성을 가지지 않도록 가중치가 주어져 있다.

공정성 문제는 BBC의 핵심이다. 우리는 공정성을 BBC의 핵심 특성 중 하나로 인식하고 있으며, 모든 문제를 불편부당하고 객관적으로 처리하기 위해 최선을 다해야 한다. 뉴스나이트(Newsnight) 사건으로 위상이 추락한 BBC는 공정성 목표를 달성하기 위하여 노력을 강화해야 한다. 나는 BBC에게 만약 미국의 중요한 공영방송 사업자라면 어떻게 했을지 고려해 보라고 요청하고 싶다. 그것은 사실 쉬운 문제는 아니다. 그러나 이는 사고 실험(thought experiment)의 핵심이다.

이러한 실험적 사고의 일환으로 나는 BBC 최고 편집자들에게 버나드 윌리엄스(Bernard Williams)의 『진실과 진실성(*Truth and Truthfulness*)』을 참고하기를 제안한다. 명확하고 신랄한 방식으로, 윌리엄스는 진실은 존재하지 않는다는 포스트모던한 견해를 보여 주고 있다. 그의 말처럼 '진실성을 추구하는 노력과, 진실이 있다는 것을 의심하는 것' 사이의 긴장은 어려운 문제이다. 어떤 형태의 진실에 대한 공격도 진실이라고 믿는 주장에 기초하고 있다.

윌리엄스는 진실은 단순하고, 진실성은 사실을 재인용하고, 사실은 복잡하지 않다고 하는 어느 쪽 논리의 함정에 빠지지 않았다. 그는 반대로 (a) 해설(narrative) 없이 세상을 이해할 수 없고, (b) 해설이나 이야기(stories)가 견해를 잘 설명할 수 있다고 주장했다. 그럼에도 불구하고 우리는 윌리엄스가 주장하듯이 진실을 말하려는 사람과 그렇지 않은 사람을 구별해야 한다. 실제로, 이것은 우리 주장의 핵심이다. 누군가 역사에 대하여 진실성을 이야기하는 것은 객관적인 사실에 이의를 제기하는 것이다. 또한 윌리엄스가 제안하듯이 진실을 말하려고 하는 사람은 특징을 가지고 있다. 그들은 청렴성과 진실성을 가지고 있으며 진정성을 가지고 있다. BBC가 영국 사회에서 신뢰성을 회복하기 위해서는 청렴성, 진실성, 진정성 그리고 진실을 전달하려는 깊은 고뇌가 슬로건이 되어야 한다.

▌방송정책 및 시장

　방송정책에 관한 이야기를 할 때 콜린 메이어(Colin Mayer)의 『확고한 약속(*Firm Commitment*)』[8]을 추천한다. 메이어의 관련성을 확인하려면 이번 장 처음에 언급한 주장, 특히 지난 10년 동안의 시장에 대한 비판적인 시각을 다시 언급해야 한다. 우리는 자율적인 시장이 더 좋은 세상을 만든다는 것을 더 이상 당연시하지 않는다. 메이어 책의 장점은 명확한 분석과 비판적인 관점과 해결책을 갖고 있다는 점이다. 그의 주장은 세 가지로 요약된다.

　첫째, 그는 자본주의 초기에 기업은 명확한 목적이 있다고 보여준다. 오늘날 우리가 기업의 목적(Mission Statement)이라고 하는 것이다. 물론, 소유권에 관한 사항이다. 자본주의가 발전하면서 소유자는 반드시 자신의 자원에서 필요한 모든 자본을 생성해야 하는 것은 아니라는 것이 분명해졌다. 그 결과 19세기에 부채에 대한 유한책임(limited liability)과 같은 개념이 만들어지고 그로 인해 대규모 주주 자본(stakeholder capital)의 투입이 가능하게 되는 커다란 돌파구가 마련되었다. 그러나 주주 자본의 등장은 두 가지 문제를 초래하였다. (a) 기업 운영은 점점 더 관리자(management)에 의해 운영되게 되었고 소유주와 관계는 멀어졌다. (b) 주주는 많은

---

8) 콜린 메이어는 옥스퍼드대학교 교수로 2013년 이 책을 저술하였으며 세부 내용은 각주 저술을 참고(역자 주).

사람들에게 분산되어 기업의 본래 목적에 관심이 없어지게 되었다. 대신에 주가와 단기 주가의 움직임에 관심을 가지게 되었다.

둘째, 메이어에 따르면, 경제학 시각에서 관리는 거의 잘못된 방향으로 진행되었다. 소유자와 관리자 사이의 분리 문제를 관찰하고, 경제학자들은 소위 주인과 대리자 문제(the principle-agent problem)9)라는 관점에서, 많은 학술 논문은 주인과 대리자의 관계를 조정하려는 관점에서 해결책을 찾으려고 하였다. 그러나 메이어가 주장하는 것처럼 주주들은 점점 더 단기에 머무르고 기업의 당초 목적에 관심이 없게 되었다. 이것은 최악의 상황을 초래하였다. 금전적 이득 이외에 관심이 없는 현대 주주들은 전적으로 주가의 움직임에 집착하고 때로는 몇 주 또는 몇 시간 또는 며칠 동안 그 주가의 움직임에만 관심이 있다. 결과적으로 모든 종류의 기형적인 문제가 발생하였다. 메이어가 제시하는 극적인 예는 영국 정유회사 British Petroleum(BP) 사례다. BP는 멕시코만을 대규모로 오염시켰다. 그럼에도 불구하고, 주주는 이 재난을 극복하고 유지하는 비용을 달가워하지 않았다. 왜냐하면 단기간에 수익을 최대화하고 그럼으로 인해 주가를 높일 수 없기 때문이다. 자연환경 오염이나 장기적인 관점에서 BP의 수익에는 관심이 없었다. 중요한 것은 단기

---

9) 기업구조를 권한을 위임하는 사람(principal)과 권한을 위임받는 사람(agent)의 관점에서 분석하는 방법이다. 특히 정보의 비대칭으로 주인과 대리인 사이에는 역선택과 도덕적인 위험이 존재하며 이를 해결하는 방법으로 기업구조를 개선하는 다양한 방법과 이론을 제기한다(역자 주).

적인 게임이다.

무엇보다 BP와 같은 사태는 결코 하나가 아니다. 문제는 은행에서 잘못된 금융 상품을 판매하는 것에서부터 (비용 절감을 위해) 쇠고기를 말고기로 대체하는 사례까지 장기 비용에 상관없이 단기 이익만을 추구한다.

셋째, 이러한 상황에서 메이어의 해결책은 시장 기능을 포기하고자 하는 것은 아니다. 반대로 그는 시장 기능 찬성주의자다. 핵심은 장기적인 주주 이익과 목적을 가진 소유주를 기반으로 하는 개선된 자본주의 속에서 시장이 작동되도록 하는 것이다.

방송과 관련하여 메이어 이론을 보자면 방송을 자연적인 재화나 서비스로 적용해야 하는지 묻는 부분이다. 분명한 것은, 영국이라는 국가나 메이어가 주장하는 잘 작용하는 자본주의와 관련이 없는 것이 아니라는 것이다. 따라서 실제 그렇지 않지만 방송이 일반적인 재화라 할지라도 우리가 원하는 방송을 만들기 위해 자본주의에 의지하지 않는 근본적인 근거가 있다. 상징적인 예로 BBC를 매각하고, BskyB 입찰에 참여하여 결과적으로 머독이 소유하기를 원하는 사람들은 많지는 않다고 생각된다.

둘째, BBC는 메이어의 기준을 모두 충족한다. 그것은 영국 국민이라는 장기 주주가 있으며 수익 최대화와 차별화되는 목적을 가지고 있다는 것이다. 그 목적은 자주 인용되는 중요한 정보를 제공하고, 교육하고 오락적 기능을 수행하는 것이다. 또 한 가지 중요한 관련 사항은 가디언(Guardian)의 끈기 있는 보도로 뉴스인터내서

널의 위기가 밝혀졌다는 것이다.[10] 그리고 가디언을 영국의 다른 미디어와 구별하는 두 가지 주요 특성은 무엇인가? 그것은 창업자인 스콧(C. O. Scott)의 진보적 저널리즘(liberal Journalism) 목적과 장기적으로 헌신적인 스콧 재단(Scott Trust)에 의해 소유되고 있기 때문이다.

▌결 론

방송은 단순히 오래된 상품이나 서비스가 아니라고 주장된다. 공공재, 외부성의 존재를 감안하고 가치재임을 고려할 때 공영방송의 존재 이유가 있다. 시장보다는 이 요건을 충족하고 공영방송은 또한 방송을 포함한 다른 시장이 작동하도록 보장하는 중요한 역할을 한다. 무엇보다 중요한 것은 민주주의 사회가 기능하도록 중요한 역할을 한다.

마지막으로, 지금까지 제시한 바와 같이, BBC는 시장에 있는 많은 기업과 차별화되는 목적을 가지고 있다. 현대 민간 기업의 적절한 목표의 부재와 장기 투자자의 결여는 현재보다 치열한 토론의 대상이 되어야 한다. 이러한 관점에서 볼 때 신문시장에서 가디언

---

10) Alan Rusbridger, "Hacking Away at the Truth," Guardian, 10 Nov. 2011, http://www.guardian.co.uk/media/2011/nov/10/phone-hacking-truth-alan-rusbridger-orwell 참조.

이 존재하고 방송에서 BBC가 있다는 것은 다행이다. 만약 이 두 매체가 없다면 영국의 민주주의는 보다 더 훼손될 수 있을 것이다.

▌참고문헌 ▌

Graham, A. 1998. "Broadcasting Policy and the Digital Revolution."
     In J. Seaton, ed. *Politics and the Media: Harlots and Prero-*
     gatives at the Turn of the Millennium. Blackwell Publishers.
_____. 2000. "Public Policy Issues for UK Broadcasting." In S.
     Barnett et al., eds. *e-brittania: The Communications Revolu-*
     tion. University of Luton Press.
Graham, A. et al. 1999. *Public Purposes in Broadcasting: Funding*
     the BBC. University of Luton Press.
Graham, A., and G. Davies. 1997. *Broadcasting, Society and Policy*
     in the Multimedia Age. John Libbey Publishing.
Mann, T., and N. Ornstein. 2012. *It's Even Worse than it Looks:*
     How the American Constitutional System Collided with the
     New Politics of Extremism(Basic Books).
Mayer, C. 2013. *Firm Commitment: Why the Corporation is Failing*
     Us and How to Restore Trust in It. Oxford University Press.
Williams, B. 2002. *Truth and Truthfulness: An Essay in Genealogy.*
     Princeton University Press.

| 마리아나 마즈카토(Mariana Mazzucato)

7
BBC:
방송시장의 구축자에서 역동자로

        BBC는 오늘날 (잠재적으로) 민영방송이
설 자리를 빼앗고 있다는 비판을 받고 있다. 비평가들은 BBC가 민
영방송 시청자들을 유인하고 있고 결과적으로 민영방송의 광고 수
입과 민영방송에 대한 투자를 감소시키고 있다고 비판한다.[1] 민간
투자를 위축시키는 것은 BBC뿐만이 아니다. 성공적인 공공기관,
즉 국제적으로 알려진 브라질 개발은행(Brazilian Development

---

[1] Weeds, 제2장 참조.

Bank), 중국의 국가개발은행(China Development Bank)을 비롯하여 공공재원을 기반으로 만들어진 미국 에너지혁신프로그램(ARPA-E)들도 또한 이러한 비판을 받고 있다.[2] 비판론자들은 공공기관의 혁신을 주장한다.[3]

경제학에서 '구축효과설'[4]은 공공영역의 투자가 민간 부문을 위축시킬 가능성을 분석하는 데 사용된다. 왜냐하면 두 분야는 동일한 재원을 사용하기 때문이다. 케인즈 학파 경제학자들은 오늘날과 같은 저성장 상황에서는 반대효과를 가져온다고 주장한다(경기순환 경향과 반대되는 행위들의 케이스 분석은 Stiglitz, 2012 참조; 녹색 인프라구조 분석은 Zenghelis, 2011 참조). 그러나 경제 성장기에도 리스크가 높은 분야는 민간기업이 투자를 기피한다. 이러한 분야의 공공투자는 민간부문의 위축을 가져오지 않으며 위험성을 낮추는 활동을 통해 민간부문 투자를 유인한다. 기술 변화의 역사에서 혁신 가치사슬의 위험성이 높은 상방(upstream) 및 하방

---

2) Advanced Research Projects Agency-Energy, 자세한 내용은 http://arpa-e.energy.gov/?q=about 참조.

3) 이러한 논의는 Mazzucato의 신간에 근거하고 있다. *The Entrepreneurial State: Debunking Myths about Private and Public Sector Innovation* (Anthem Press, 2013).

4) 정부가 총수요 확대를 위해 통화량 공급을 수반하지 않은 채 재정 지출을 늘릴 경우 이자율 상승으로 민간 투자가 위축되어 그 효과가 상쇄되는 것을 말한다. 즉, 재정 지출 확대로 민간 활동이나 시장 영역이 축소되는 경제효과를 의미한다(역자 주).

(downstream)의 분야야말로 국가가 투자할 만한 명확한 투자처이다(Mazzucato, 2011).

그러나 유입효과(crowding in)를 설명할 때 그 기준점에 맞추어 구축 효과를 부정적인 개념으로 사용해서는 안 된다. 사실 공공부문은 민간부문과 위험을 공유함으로써 위험성을 낮출 뿐만 아니라 민간부문이 주저하는 위험성이 높은 분야를 과감히 개척하는 역할을 한다. 일반적으로 '시장 시스템'으로 묘사되는 미국 자본주의의 핵심은 정부가 대부분의 혁신적인 기술 분야를 지원한다. 단순히 고정된 시장뿐만 아니라 '시장실패 이론'으로 설명될 수 없는 임무 지향적인 투자를 선도한다(Mowery, 2010). 따라서 '시장실패'를 극복하기 위한 수단으로 공공부문 투자를 분석하기보다는 1944년 칼 폴라니(Karl Polanyi) 연구처럼 공공부문이 어떻게 시장을 만들고 형성해 가는지 이론을 만들어 가는 것이 중요하다(Polanyi, 2001). 이러한 측면에선 BBC는 적절한 사례라고 할 수 있다.

▌시장 고착자에서 임무 수행자로서 정부의 역할

전 세계에서 경제위기 극복을 위해 국가의 역할은 축소되어야 한다는 주장이 들려오고 있다. 그것은 정부의 역할이 시장보다 후면에 위치할 경우 민간부문에서 기업가 정신과 혁신이 극대화할 수 있다는 가정에 기초하고 있다. 각종 미디어와 비즈니스 및 자유주

의 정치인들은 역동적이며 혁신적인 그리고 경쟁적인 혁신의 민간
부문과 완만하고, 관료적이고, 관행적 간섭의 공공부분을 이분법
적인 편리한 대비를 통해 끌어들인다. 이 메시지는 너무나 많이 반
복되어 대중들은 이를 '상식적인' 진실로 받아들인다. 심지어 2007
년 금융 위기로 인한 전반적 경제 위기의 도래가 실제로는 민간부
문의 부채 증가에 따른 것임에도 불구하고 공공부문의 부채에 기인
한 것으로 인식한다.

그리고 이러한 용어는 그동안 설득력이 있어 왔다. 그러한 이념
적 용어는 현재의 경제 위기와 금융 위기를 대처하는 현 정부에 국
한되는 것은 아니다. 두서너 가지 예를 들면, 그것은 밀턴 프리드먼
(Milton Friedman) 같은 경제학자나 영국의 마가렛 대처 수상과
미국의 로널드 레이건 대통령과 같은 학문적, 정치적 이념에 뿌리
를 두고 있다.

전 세계에 걸쳐 증가하는 공공서비스의 영역은 '효율성'이라는 이
념으로 민간 부문에 '아웃소싱'되었다. 그러나 아웃소싱에 대한 품
질관리 부족과 계속적인 비용 증가로 인해 아웃소싱을 통해 실제
비용 절감 효과를 달성하였는지 되돌아볼 필요가 있다. 공공부문에
서 아웃소싱에 대한 저항으로 인해 장기적인 예산 절감과 역동적인
조직으로 남은 사례는 BBC에서 볼 수 있다. BBC의 동영상 다시
보기 서비스인 아이플레이어(iPlayer)를 아웃소싱이 아닌 자체 플
랫폼으로 운영하도록 하였다. (결과적으로) 최고 인재를 확보하고
라디오와 TV 분야에서 보편적 서비스를 제공하는 역동적이며 혁신

적인 BBC를 유지할 수 있도록 하였다. 이것은 전 세계 공영방송사
들이 모델로 고려하는 사례이다.

시장 실패를 극복하는 개념을 넘어 공공부문을 이해하기 위해서
는 관료적인 공공부문과 역동적, 창의적, 혁신적인 민간부문이라는
대조적인 인식을 멀리할 필요가 있다. 2011년 저자의 『기업가적 국
가(*The Entrepreneurial State*)』에서 나는 기업가 정신은 단순히
창업, 벤처캐피털, 싱크탱크는 아니라고 주장하였다. 기업가 정신
은 '위험'이나 알 수 없는 '엄청난 불확실성(Knightian uncertainty)'
에 도전하는 경제 행위자들의 의지나 능력을 의미한다.5) 혁신을 위
한 시도는 대부분 실패하며, 그렇지 않으면 혁신이라 불리지 않는
다. 그렇기 때문에 혁신을 위해서 몰두해야 하며, 때로는 미래의
이익보다는 비용이 더 소요될 수 있기 때문에 전통적 비용 편익 분
석은 의미가 없을 수 있다. 스티브 잡스(Steve Jobs)는 2005년 그
의 카리스마적인 스탠포드 대학 강연에서 혁신을 '배고픔과 무모함
(hungry and foolish)'의 상태라고 비유하였지만,6) 일부 사람들은
무모한 분야에 정부 재원이 투자되었음을 지적하였다. 철도, 인터

---

5) 'Knightian uncertainty'란 측정할 수 없을 정도의 위험, 즉 계산할 수 없는
  엄청난 위험을 의미한다. 위험과 불확실성에 관해 이론과 그 경제학적인 측
  면에서의 차이점을 정립한 시카고 대학의 프랭크 나이트(Frank Knight,
  1885~1972)에 의해 명명되었다.

6) John Naughton, "Steve Jobs: Stanford Commencement Address, June
  2005," 9 Oct. 2011, *Guardian*, http://www.guardian.co.uk/technology
  /2011/oct/09/steve-jobs-stanford-commencement-address 참조.

넷, 나노기술, 바이오기술 등 자본주의 사회를 역동적으로 만든 대부분의 급속한 혁신은 초기에 정부의 지원에 기초하고 있다. 최상위 기술 연구뿐만 아니라 초기 단계의 고위험을 수반하는 기업의 영역까지 중소기업청(Small Business Administration)과 같은 곳에서 지원하는 정부 지원을 받았다. 애플의 아이폰이 스마트 기기로 발전하는 과정에서 정부 재원의 지원(인터넷, GPS, 터치스크린, 최근의 음성인식 기계)을 받았으며, 애플 자체도 초기에 중소기업청 운영 프로그램의 지원을 받았다. 또한 연구를 수행하는 데 고위험성과 그로 인해 높은 가격을 유지해야 하는 의약분야에서, 엔젤(Angell, 2004)의 조사연구는 가장 혁신적인 신약의 75%는 민간제약회사가 아닌 국가연구기관(National Institution for Health) 같은 공공기관에서 나온 것으로 조사되었다.

아이러니한 것은 오늘날 그 어느 때보다도 방송을 포함하여 공공과 민간과의 파트너십, 제휴, 개방적인 혁신의 필요성에 대해 많은 논의가 있다. 그러나 이러한 제휴관계에서 공공부문의 진정한 역할을 무시함으로써 비효율적인 협력적 관계를 만들 뿐만 아니라 공생적인 관계보다는 기생적인 관계를 종종 만들고 있다(Mazzucato, 2013).

경제학 이론은 투자로 인한 사회적 편익이 기업의 수익보다 높고 기업이 투자하기 어려운 분야의 국가 개입을 정당화하고 있다. 이 영역은 부의 외부성(negative externality)이 있는 환경오염 분야에서 공공재(public good) 성격을 가지고 있는 기초연구 분야를 포함한다. BBC는 공공재 성격을 가지고 있으며 장기적으로 디지털 미디어를 유지하고 실용적 솔루션을 개발할 목적으로 프레스토프라임(PrestoPrime)에 투자하였다(BBC, 2013). 그러나 BBC는 공공재 이상의 많은 부분에 투자하고 있다. 미국에서는 외부성과 공공재로 인한 시장 실패로 연구개발의 4분의 1 정도가 공공부문에 의하여 수행되고 있다. '달 유인화', '인터넷 개발', '나노 기술'과 같은 분야는 국가적인 대형 프로젝트로 수행되었다. 국가적인 대형 프로젝트는 단순한 사회적, 개인적 회사의 투자와 수익창출과는 다르게 구체적인 비전과, 목적 그리고 계획을 필요로 한다(Mowery, 2010).

이러한 임무를 수행하기 위해서는 경제 분야에서 국가의 역할에 대한 확신이 필요하다. 『자유방임의 종말(*The End of Laissez Faire*)』에서 케인즈(1926)가 주장한 바와 같이 '정부는 사기업이 이미 일을 하고 있는 분야에서 일을 하지 않는 것이 중요하며, 더 좋아지거나 나빠지지 않도록 해야 한다. 정부는 막스 베버(Max Weber)가 지적한 것과 같이 관료적 능력이 아니라 특정 기술과 특별한 분야의 전문성을 통해 특정 분야의 일이 수행될 수 있도록 해야 한다. 이러한 것은 국가가 전문가를 채용하고 해당 분야의 구체적인 계획의 수립을 통해 수행된다. 미국 국방부에서 인터넷에 투자하고 상용화한 국방부의 비밀조직의 하나인 DARPA는 우수한 인재를 채용하고 목적 수행을 위한 환경을 만들어 주었다. 오늘날 미국 에너지부의 ARPA-E가 녹색분야의 투자를 선도하고 그런왈드(Grunwald, 2012)가 구글과 같은 느낌이라고 말할 정도로 즐거운 업무방식을 갖게 된 것은 우연이 아니다.

미국의 사례들을 설명하면서 나는 시장 기능을 통해서 혜택을 받아 온 정부가 혁신을 위해 중요한 역할을 했다고 주장하였다. 오늘날 이러한 사례는 신흥국가에서 더욱 많이 찾아볼 수 있다. 브라질과 중국의 국영투자은행은 국내경제 활성화를 위한 투자뿐만 아니라 민간은행이나 벤처캐피탈이 투자하기 어려운 불확실한 분야에 투자한 사례를 보여 주고 있다. 이러한 곳에서는 (미국 국방부의) DARPA 같이 유능한 전문가와 인재, 그리고 유망한 비전이 있다. 영국에서 BBC는 비전을 제시하고, 민간부문에서 시도하지 않는 혁신적인 프로그램 제작, 기술 개발, 서비스를 위하여 위험을 무릅쓰고 도전하는 사례이다.

▌영국의 창조 산업을 창출하는 BBC

BBC는 많은 투자와 상당히 높은 수익을 창출하여 영국 경제에 기여한다. 딜로이트 조사에 따르면, BBC는 총 8.3억 파운드의 부가가치를 생성하고, 4파운드의 수신료는 2파운드의 경제적 가치를 창출한다(BBC, 2013). 또한 BBC는 내부적으로는 위에서 언급한 아이플레이어나 또는 디지털 아카이브인 인젝스(Ingex) 같은 혁신적인 시스템에 투자하였다. 일부 비평가들이 주장하는 것과는 반대로 BBC는 영국 창조경제의 역동적인 매체이다. 직접 또는 간접적으로 촉매제 역할을 통해 독립제작사와 민간기업이 위험성이 있는 분야에 투자하도록 하고 있다. BBC는 민간부문과 협력을 통해 스테이지박스(Stagebox)를 개발하는 데 중요한 역할을 수행하였다. 스테이지박스는 개방형 표준 방식을 통해 HD 멀티 카메라를 인터넷과 연결하고 방송장비의 호환성을 가지게 하는 프로젝트였다. 스테이지박스는 Bluebell, Leading Light Technologies, CoreEL, Xilinex(BBC, 2013) 같은 민간기업과 협력한 대표적 혁신 사례이다.

기술 표준과 관련, BBC의 혁신 모델은 산업계에서 자체 제품을 새로 개발할 수 있도록 개방적 표준을 취하고 있다. 개방형 표준 모델을 통해 BBC는 단기적으로 상용화하지 않은 부분에 투자할 수 있지만, 장기적이고 전략적인 관점에서는 잠재적인 시청자와 영국의 창조 경제에 투자할 수 있다. 그러나 BBC는 또한 제3자에게 134 특허 포트폴리오를 보유함으로써 투자 수익을 확보할 수 있다. 이러한 방법을 통해 BBC는 특허 수익을 확보하고 영국 산업 발전에 기여하고 결국 다른 혁신적인 투자가 될 수 있도록 하고 있다. 혁신적인 기술에 투자하고, 획기적인 기술을 개발하고, 경제적인 이익을 가져오는 것은 소수의 공공기관에서 이루어지는 모범적인 사례이다.

BBC는 또한 중소기업과 젊은 사람들에 대한 교육 및 멘토링에 투자한다. 그렇지 않으면 이들은 작품을 생산하는 기회나 투자 자금을 찾는 데 어려움을 겪을 수 있다. BBC는 또한 '비즈니스 엔젤 투자자(business angel)' 역할을 수행한다. 예를 들어 2008년 BBC

는 독립제작사 빅 톡 프로덕션(Big Talk Production)에 대해 25%
주식을 취득하고 112만 5천 파운드를 대출하였다. 이 회사는 2011
년에만 1천100만 파운드의 수익을 낳았으며, BBC2에 방송된 코미
디 시리즈인 '레브(Rev)'는 2011년 BAFTA[7] 시상식에서 최고의 시
트콤으로 선정되는 명성을 얻었다. 민간금융이 지속적으로 단기화
되고 벤처캐피털에서는 3년 이내에 투자 수익을 낼 것을 요구하는
상황에서, 창업 단계의 기업에서 공공재원의 중요성은 더해지고 있
다.[8]

　BBC가 영국 경제분야에서 담당하는 긍정적 역할은 또 있다. 영
국의 재능과 문화를 보여 주는 것을 통해 외국의 직접 투자를 촉진
하고 있다(2011~12년 동안 3천200만 파운드의 국제 공동제작 달
성). 전 세계인들이 시청하고 있고 혁신적인 전문 미디어 회사로
인식되고 있음에도 왜 BBC는 공격을 받고 있는가? BBC는 케인즈
의 주장처럼 민간부분이 할 수 없는 역할을 수행하였다. 만약 BBC

---

7) 영국 영화 및 텔레비전 예술상(British Academy of Film and Television
　 Arts)(역자 주).

8) 자세한 내용은 Mariana Mazzucato, "Tax Payers Helped Apple But Apple
　 Won't Help Them," *Harvard Business Review*, 8 Mar. 2013, http://
　 blogs.hbr.org/cs/2013/03/taxpayers_helped_apple_but_app.html?utm_
　 source=Socialflow&utm_medium=Tweet&utm_campaign=Socialflow 및
　 FINNOV, "Do Financial Markets Reward Innovation?" *Policy Brief*
　 (Spring 2010), http://www.finnov-fp7.eu/sites/default/files/FINNOV_
　 POLICY_B RIEF%20Spring%202010.pdf 참조.

가 민영방송사를 위축시키고 있다고 비판하려면, 민영방송 사업자는 BBC가 과감히 도전하는 분야에 대한 사업 의지를 보여 주어야한다. BBC를 비판하는 사람들은 적절한 실증적인 통계 자료보다는이념을 기반으로 비판하고 있다. 그러나 문제는 이러한 상황을 설명하기 위해서 어떠한 지표를 사용할 것인가와 BBC의 행위를 시장실패의 관점이 아니라 시장구조를 만들고 형성해 가는 관점에서 생각하는 것이다. 칼 폴라니(2011: 144) 연구 결과는 자율규제자로서의 시장이라는 주장은 역사적인 시장의 기원에서 지지받지 못하는하나의 신화에 불과하다는 것을 보여 준다. 자유시장 구조의 형성과 유지는 지속적으로 체계화되는 공공부문의 개입에 의해 가능하다. 이러한 관점에서 시장원리에 기반한 경제제도에 조건을 부여하는 것은 국가이다. 그의 연구는 시장구조를 만들고 형성하는 과정에서 국가의 역할을 이해하는 데 도움을 준다. BBC의 미래를 논의할 때 우리에게 필요한 것은 정적인 신고전경제이론이 아니라 폴라니, 케인즈와 같은 경제학자들처럼 새로운 방송시장이 형성되거나미디어 시장에서 (시장에서 할 수 없는) 공공영역만이 수행하는 관점에서 조사를 하여야 한다.

▌결 론

결론은 다음과 같다. 국가의 역할이 효율적으로 조직될 때, 국가

는 비전을 제시하고 국가가 아니면 유발하기 어려운 과제를 수행하
여 시장 촉진제 역할을 할 수 있다. 이럴 때 국가의 역할은 적절하
며 시장에 용기를 부여한다. 이것은 국가에 대해 단지 경제 성장의
참견자(meddler)나 촉매제(facilitator)로서의 역할을 요구하지는
않는다. 국가는 민간영역의 중요한 파트너이며, 시장에서 수행하기
어려운 부분에 과감히 투자하는 것이 국가의 역할이다. 국가는 특
혜, 임대, 세금 감면과 같은 혜택을 요구하는 이해집단에 쉽게 불복
해서는 안 된다. 반대로 정부는 경제 성장과 기술 변화를 추구하는
이익집단을 찾아야 한다. 시장 실패를 포함한 공공부문의 본질적
특성을 이해하는 것은 새롭게 형성되는 공공-민영 협력 사례들에
영향을 미치고 있다. 창업국가는 민간부문의 위험성을 감소시키는
역할뿐만 아니라 위험에 대한 비전과 새로운 기회가 생성될 수 있
도록 과감한 조치를 취하는 것이다. 국가가 자신감이 없다면 정부
는 포획될 수 있으며 그 영역은 민간을 배척하지 않고 시장 기능에
부여하여야 한다. 국가가 선도적인 역할을 수행하지 않으면 민간
부문의 모방자에 불과하다. 일반적으로 국가는 느리고 관료적이라
고 비판을 받는 것은 국가의 역할이 '관리'자 역할에 불과한 국가에
서 발생한다.

국가의 역할을 불필요한 것으로 간주하고 시장 실패를 수정하는
역할로 인식하는 것은 가능하다. 정부의 역할이 이러한 것으로 묘
사된다면 누가 국가에서 업무를 수행하겠는가? 승자 독식의 문제는
특히 창업가적인 비전을 제시하지 않는 국가에서 다루어지는 문제

이다. 영국을 본다면 국가는 시장 기능을 뒤에서 관망하는 위치를 하고 있지만 시장에서 실수를 하는 경우 비판을 한다. 기후환경 변화와 고령화와 같은 사회경제적 위기에 직면해서 정부의 적극적인 노력을 요구하고 있으며, 민관파트너십은 어느 때보다도 중요하다.

로이터 인스티튜트와 BBC 트러스트가 개최한 '방송의 경제학 (The Economic of Broadcasting)' 토론회에 참가하여 나는 방송시장에서 이러한 관점과 관련하여 BBC의 역할이 얼마나 중요한지 알게 되었다. 또한 BBC의 과감한 미래 전략 수립이 방송시장의 미래를 만들 수 있다는 것을 알게 되었다. 그리고 보다 더 공생적인 방송 환경을 만들기 위해 민간영역을 위협하지 않으면서 새로운 것을 만들어 내는 역할이 필요하다. BBC의 역할은 경제학자들이 말하는 시장 실패를 극복하는 것으로 이해해서는 안 된다. BBC의 활동이 시장 실패만을 위한 부분에 한정된다면 오늘날처럼 방송시장을 주도하지 못하거나 최신의 드라마를 만들지 못하고 과거처럼 지루한 다큐멘터리나 뉴스 프로그램을 만들 수밖에 없다. BBC는 민간 방송사업자와 경쟁을 두려워하지 말아야 하며 비전을 제시하고 도전적으로 방송사업을 추진하여야 한다.

▌ 참고문헌 ▌

Angell, M. 2004. *The Truth behind the Drug Companies*. Random House.

Battelle, J. 2005. *The Search*. Penguin.

BBC. 2013. *The Economic Value of the BBC: 2011/12* (BBC), available at http://downloads.bbc.co.uk/aboutthebbc/inside thebbc/howwework/reports/pdf/bbc_economic_impact_2013. pdf

Block, F. L. 2011. "Innovation and the Invisible Hand of Government." In F. L. Block and M. R. Keller, eds. *State of Innovation: The U.S. Government's Role in Technology Development*. Paradigm Publishers.

Blythe, T. 2012. *The Legacy of BBC Micro* (NESTA), available at http://www.nesta.org.uk/library/documents/Legacy_of_the_ BBC_Micro8.pdf

Grunwald, M. 2012. *The New New Deal: The Hidden Story of Change in the Obama Era*. Simon & Schuster.

Mazzucato, M. 2011. *The Entrepreneurial State* (Demos), available at http://www.demos.co.uk/files/Entrepreneurial_State_-_web. pdf?1310116014

_____. 2013. *The Entrepreneurial State: Debunking Myths about Private and Public Sector Innovation.* Anthem Press.

Mowery, D. C. 2010. "Military R&D and Innovation." In B. H. Hall and N. Rosenberg, eds. *Handbook of the Economics of Innovation*(North Holland), ch. 29.

Polanyi, K. 2001. *The Great Transformation: The Political and Economic Origins of our Time.* Beacon Press.

Stiglitz, J. E. 2012. "Macroeconomics, Monetary Policy, and the Crisis." In O. J. Blanchard, D. Romer, M. Spence, and J. E. Stiglitz, eds. *In the Wake of the Crisis.* MIT Press.

Zenghelis, D. 2011. *A Macroeconomic Plan for a Green Recovery* (Centre for Climate Change Economics and Policy, Grantham Research Institute on Climate Change and the Environment Policy Paper), available at http://www2.lse.ac.uk/Grantham Institute/publications/Policy/docs/PP_macroeconomic-green-recovery_Jan11.pdf

8
공영방송의 경제학:
연구 어젠다

| 다이앤 코일(Diane Coyle) · 파올로 시실리아니(Paolo Siciliani)

아날로그 시대 주파수의 제한은 채널 수의 제한을 의미하였다. 또한 기술은 유료 가입자가 아닌 시청자들을 배제하는 것을 허용하지 못했고 이러한 '비배제성'은 유료방송을 허가하지 않았다. 따라서 상업방송은 지상파방송(FTA: Free To Air)이었으며 광고수입에 의존하였다. 시청자를 확보하고 광고를 특징으로 하는 수익 모델로 상업방송 프로그램은 대중적 인기가 있는 프로그램을 만드는 것을 의미하였다.

이러한 환경 속에서 공공기관의 개입은 소수계층을 보호하거나 대중을 위하는 경우에만 정당성이 부여되었다. 특히 공영방송은 건전한 시민의식의 형성과 같은 '가치재(merit good)' 성격의 프로그램을 만들고 소비되는 것이 보장되는 경우 정당성이 인정되었다. 채널 선택이 제한된 환경은 이런 종류의 프로그램이 방송될 뿐만 아니라 많은 사람이 시청할 수 있도록 해 주었다.

공영방송에 대한 전통적인 접근방법은 소비의 외부성과 정보의 비대칭성 등 시장 실패에 기초하고 있다. 특히 공영방송의 사회적 유용성은 건전한 시민의식을 형성하거나 교육적인 장점을 가지고 있는 프로그램을 많은 사람들이 시청할 수 있도록 하는 데 있었다. 그러나 아날로그 기술로 인한 주파수의 희소성과 비배제성이 공영방송에 대한 공적 영역의 개입을 정당화하는 시장 실패 영역은 아니다. 그것은 공영방송의 외부성으로 인한 문제이다.

▌ 다채널 유료방송: 디지털 파괴의 첫 번째 단계

아날로그에서 디지털 전환이 완료된 2012년, 위성방송이나 지상파 같은 첫 번째 디지털 다채널 시대가 가능하게 하면서 전통적인 방송의 전송 능력이 획기적으로 증가되었다. 또한 콘텐츠에 대한 획기적인 암호기술이 가능하게 되었으며, 위성방송, 케이블, 지상파 플랫폼에서 유료 서비스 모델을 가능하게 하였다.[1]

따라서 디지털화는 아날로그 상업 지상파 환경에서의 다양성과 품질이 낮은 프로그램의 문제를 극복하는 것처럼 보였다. 다채널 플랫폼으로 파편화된 소수 시청자들을 위한 특화 채널이 생성되었다. 또한 유료 시스템을 기반으로 한 신기술은 품질을 보장하는 프로그램으로 수익을 만들었다.

그러나 디지털화가 예상하던 결과를 가지고 왔는지는 아직 명확하지 않다. 특히 TV 프로그램 제작 시 높은 고정비용과 많은 시청자를 선호하는 광고주의 특성은 상업 방송사들로 하여금 보다 많은 시청자를 확보토록 하고 있다.

먼저 프로그램 제작비용과 프로그램 전송에 대하여 논의해 보자. 공영방송 없는 가상의 세계를 그려 보는 것은 어렵다. 그 이유는 공영방송 프로그램의 '구축효과(crowing out)'는 알려지지 않았기 때문이다. 공영방송 프로그램의 범위를 협의로 주장하는 사람들은 디지털 유료방송이 공영방송과 유사한 품격 있는 프로그램을 방송할 수 있다고 주장한다. 그러나 항상 그렇지는 않다. 다채널 디지털 플랫폼 사용자의 증가로 인한 시청자의 파편화는 다양한 종류의 양질의 프로그램에 대한 투자 동기를 감소시켰다. 헬렌 위즈(Helen Weeds)가 이 책에서 주장한 것과 같이 디지털 유료방송 모델에서

---

1) 개빈 데이비스(Gavyn Davies)는 수신료 부과는 기술적이라기보다는 법적 차원이기는 하지만 배타적 기제라는 점을 지적한다. 그러나 디지털화에 의해 촉발된 기술 발전에 순전히 기인하는 측면이 있다. 즉 상업방송 사업자들이 실질적으로 그리고 편리하게 부분적인 배제가 가능해졌다는 점에서 그러하다.

소비자들은 고품질의 프로그램에 더 비용을 지불할 의사를 가지고 있고 그럼으로써 시청자들이 증가할 것으로 기대될 때 최초 제작비 용에 대한 투자 동기 부여가 더해진다. 왜냐하면 증가하는 시청자 에 대한 추가적인 비용이 없기 때문이다. 그러므로 파편화된 다채 널 시청자들에게 프로그램 다양성(틈새 시청자들을 위해)과 프로그 램 품질(대규모 유료시청자들로 인한 규모의 경제에 의한)은 상호 상쇄하는 관계를 가진다. 디이터 헬름(Dieter Helm)이 주장한 바 와 같이 유료방송 환경에서 소수자 취향을 위한 프로그램은 가장 취약한 구조를 가지고 있으며, 따라서 장기간에 다양한 재원을 투 자할 수 있는 핵심 구매자로서 공영방송을 강조한다.

프로그램 제작을 위한 높은 고정비용과 전송 비용으로 인한 규모 의 경제성으로 인해 미국과 같은 국가에서 제작한 외국 프로그램을 선호하는 결과를 낳을 수 있다. 또 다른 측면에서 국내 프로그램 제작자들은 미국과 같이 시장규모가 큰 외국시장으로 프로그램을 수출하는 방법을 모색할 수 있다. 이러한 두 가지 상황에서 영국의 문화와 시민들의 가치가 대표되지 않을 위험성이 있다. 비슷한 원 리로 소수자를 위한 지역 프로그램 제작이 디지털 유료방송의 규모 의 경제에 의하여 부정적인 영향을 받을 수 있다.[2]

---

2) 다음과 같은 사실에 주목할 필요가 있다. 새로운 수익원을 창출하기 위해 외국시장을 개척해야 하는 기회는 점점 중요해지고 있다. 이는 상업적인 지 상파채널 사업자에게 의존하는 독립적인 콘텐츠 제작자에게도 마찬가지이 다. Adam Crozier, ITV CEO, *ITV plc Preliminary Results 2012*, 27 Feb.

 광고 수입과 관련한 문제를 검토해 보면 지상파 프로그램에서 프로그램의 다양성과 질에서 유사한 상쇄관계가 나타나고 있다. 채널 수의 증가로 지상파방송의 전체적인 프로그램 방송시간과 최초 방송 프로그램이 증가하였지만 지난 10여 년간 총광고 수입은 정체되어 있다.[3] ITV와 채널4의 주요 상업적 지상파방송의 순광고 수입의 감소는 시청률 감소보다는 적은 비율로 감소하였다.[4]

 따라서 상업적 지상파방송은 프리미엄 거래를 하고 있으며 이는 특정 채널의 광고 단가가 모든 채널의 평균 단가보다 높다고 할 수 있다.[5] 프리미엄 거래의 주원인은 광고주들의 브랜드 이미지 형성

2013, available at http://www.itvplc.com/media/news/itv-plc-preliminary-results-2012(소위 Transformation Plan은 국제적인 콘텐츠 비즈니스를 생성하고 있다. ITV 스튜디오는 창조적 인재와 새로운 프로그램 개발을 통해 100만 파운드에서 712만 파운드에 이르는 수익을 영국과 해외에서 창출하고 있다. 우리는 새롭게 등장하는 창조시장을 선별적으로 취사선택하여 보다 건강한 소위 창조 파이프라인(creative pipeline)을 구축하고 있다). 논란은 있지만, 이러한 트렌드는 2006년 이해 영국에서 발생하는 지출의 지속적인 감소를 반영한 것이기도 하다. 자세한 내용은 Ofcom(2012), fig. 2.30 at p.144 참조.

3) 전게서의 숫자 2.22 at p.136 and 2.23 at p.137 참조.

4) 알 수 있는 패턴은 ITV의 대표적인 채널상의 광고에 대한 요금상한제로 인해 보수적이다. 자세한 내용은 Competition Commission, *Review of ITV's Contracts Rights Renewal Undertakings-Final Report*, 12 May 2010, http://www.competitioncommission.org.uk/assets/competitioncommission/docs/pdf/inquiry/ref2009/itv/pdf/final_report 참조.

5) 전게서 paras. 5.27-.30.

을 위한 캠페인 광고를 최대한 이용하고, 대중들에게 인기 있는 프로그램을 지속적으로 방송하기 때문이다.6)

그러나 일반대중을 대상으로 한 프리미엄 효과는 틈새 시청자들에게는 할인 효과를 가져 온다. 그러므로 채널 증가로 시청자들이 파편화될수록 틈새 채널들은 광고를 확보하는 데 어려움을 겪는다. 따라서 TV광고를 통한 브랜드 이미지 형성은 프로그램 다양성과 질적 측면 간에 상쇄적인 관계를 가지고 있다고 주장할 수 있다. 왜냐하면 주요 지상파방송사들은 대중들에게 호소하는 능력이 있기 때문이다.

따라서 아날로그 시대의 전통적인 시장 실패자들이 디지털 전환을 통해 생존하게 되는데, 이는 다채널 시대에 틈새 채널의 시청자들에 복무하는 역경제 효과 때문이다. 유료방송 모델에서 TV 산업의 비용 구조와 지상파 모델에 있어 광고주와 시청자들의 상호관계는 다양한 프로그램을 제공하는 것에 반대하는 경향, 그리고 양질의 프로그램을 만들기 위해 추가로 투자하는 것에 반대하는 경향을 가진다.

유료방송 모델에서 더 논의해야 할 이슈는 일단 프로그램 제작을 위한 일차 고정비용이 발생하면 대기 가입자들을 위한 추가 비용이 비록 사소하더라도 비용을 지불하지 않으려는 잠재적인 가입자들은 배제된다는 사실이다. 다른 표현으로 아날로그 시대보다 더 큰

---

6) 전게서 paras. 5.49-.65.

공공재에 대한 문제가 있다. 한계비용이 거의 없다는 것은 추가 가 입자에게 방송하지 않는 것이 경제적으로 비효율적이라는 것을 의 미한다.[7]

고전적인 해결 방법은 가격이 다른 상품 패키지 방법이다. 이질 적인 가입자들에게 다양한 선호를 반영하는 채널 상품을 만들면 소 비자들이 지불하고자 하는 가격을 동일화할 수 있다. 채널 상품의 다양화는 모든 가입자를 만족시킬 수 있고 기꺼이 가격을 지불하게 한다.[8] 프리미엄 채널을 이 같은 방법으로 별도 판매하는 것은 어 려울 수 있다.

그러나 시장에서 유료방송과 지상파방송이 함께 존재하고 소비 자들은 한 개만을 선택하는 것이 아니라 두 가지 상품을 동시에 구 매할 수 있기 때문에 분석방법은 복잡하다. 이러한 복잡성으로 인 해 시장에서 어느 정도의 범위와 질의 프로그램을 이용할지 추정하 는 것은 어려운 문제이다. 그러나 단순한 '구축효과' 주장과 같이 유료채널이 지상파 공영방송과 같은 유형의 프로그램을 방송한다 는 것은 명확치 않다.[9]

---

7) 이 같은 고전적 의미의 공공재 특성은 디지털재의 특징으로 한계비용 제로에 의해 제공되는 것이다.

8) 도식적인 설명은 Armstrong and Weeds(2007) 참조.

9) 기존 문헌을 살펴보면, 유료방송에서의 다양성(variety/diversity) 프로그램 이 더 많은 것으로 나타난다(자세한 내용은 Peitz and Valletti, 2008 참조). 그러나 대개 유료방송에서의 프로그램의 질은 유료방송 사업자가 광고시간 을 팔 수 있을 때 더 높을 수는 있으나(Armstrong, 2005 참조), 유료방송에

모든 경쟁 방송사들이 다양한 양질의 프로그램에 투자한다는 가정을 할 수 있다. 그러나 현실에서는 스포츠와 헐리우드 영화와 같은 프리미엄 콘텐츠는 유료방송에서 이용할 수 있다.

한편으로는 독점권으로 적정한 수익을 확보하고 보다 더 양질의 프로그램에 투자하는 것은 좋은 유인책이 될 수 있다. 또 다른 한편으로는 공급 시장의 독점에 따라 결과적으로 유료채널은 가격이 상승할 수 있고 많은 시청자들이 가입대상에서 제외될 수 있다. 특히 이러한 경우는 프로그램 독점권이 치열한 경매를 통해 이루어질 때 발생한다.[10]

역사적으로 보면 중계권 경매에서 유료방송 사업자들이 지상파보다 기회를 많이 가졌다. 그러나 원론적으로 프리미엄 콘텐츠 독

광고가 없는 경우 지상파가 더 품질이 높을 수 있다. 즉 시청자가 광고를 볼 때 느끼는 불편함은 방송시간 판매에 따른 이윤에 비해 더 크다 하겠다 (Lin, 2012 참조). 그러나 시청자는 광고를 참고 보는 데 있어 사람마다 차이가 있기 마련이다. 예를 들어 광고를 너무 싫어해서 PVR과 같은 광고 회피 기술을 이용하기도 하는 것이다. 말할 것도 없이 이러한 기술의 확산은 광고주의 입장에서는 잠재적인 광고시청자를 잃어버리는 것이 되고, 이에 따라 프로그램의 질 향상을 위한 투자 유인이 줄어들게 되는 것이다. 콘텐츠의 가치를 인정하는 사람들은 더더욱 광고회피 기술을 이용하는 경향이 있다(Anderson and Gans, 2011 참조).

10) 자세한 내용은 Weeds(2012) 참조. 질 좋은 프로그램을 제공하기 위해 드는 비용이 높아질 때, 방송사업자가 제공하는 프로그램의 질은 실질적으로 낮아지는 경우도 있다. 더욱이 경쟁사업자가 프로그램 질을 높이기 위해 고비용에 직면해 있는 경우 전략적인 선택은 경쟁을 줄여 이윤을 추구하기 쉽기 때문이다(Lin, 2012 참조).

점권은 지상파방송에게도 가능하다.[11] 이러한 경향은 유료방송 모델이 가입자들로부터 경제적인 이익을 창출하는 면에서 우월할 수 있다는 것을 보여 주고 있다. 이것은 지상파방송이 광고를 통한 수입을 통해 시청자들에게 호소하는 것과는 반대된다.[12]

그럼에도 불구하고 프로그램 독점권 확보를 위한 가격 상승이 유료방송 채널에서 대체재 콘텐츠의 대가로 이루어질 가능성이 있다.[13] 유료방송 사업자가 양질의 프로그램에 대한 투자로 유료가격

---

11) 전형적인 예가 영국의 프리미어 리그를 보기 위해 TV 방영권을 판매하는 것이다. 2006년 EU Commission은 프리미어 리그에게 TV 방영권을 적어도 별개의 두 개 이상 사업자에게 판매토록 하고 있다. 그 이유는 몇 개의 경기는 지상파에서 볼 수 있게 하고 동시에 경쟁을 촉진하고, 가격을 다운시키며, 보다 많은 사람이 TV를 통해 경기를 볼 수 있게 하기 위한 것이다. 그러나 이후에 벤처 형태로 진입한 유료방송 사업자들이 영국의 기존 유료방송사업자인 BskyB에게 도전하는 결과를 가져왔으며, 이후 FAPL에 의해 수입은 증대되고 경매가는 지속적으로 상승하게 되었다. 경기당 비용은 세 시즌 동안에 412만 파운드에서 다음 시즌인 2009/10년 기준 653만 파운드로 60% 상승한 바 있다. 자세한 내용은 Enders Analysis, *Football and the EU: Careful What you Wish for*, 21 Feb. 2013, http://www.endersanalysis.com/content/publication/football-and-eu-careful-what-you-wish 참조.

12) 이러한 측면에서 오프콤은 가입비가 2011년까지 매년 평균 6.7% 상승한 것으로 보고 있다. 이는 순 광고수입의 경우 미약한 0.5% 수치와 대비된다. 지세한 내용은 Ofcom(2012), fig. 2.22 at p.136 참조.

13) 예를 들어 Enders의 분석을 살펴보면, 2014년 기준 FAPL 방영권의 비용 증가는 부분적으로나마 여타 프로그램의 예산 조정을 통해 가능한 것으로 나타난다. 자세한 내용은 Enders Analysis, *Live FAPL Rights Reach Dizzy New Heights*, 15 June 2012, http://www.endersanalysis.com/

을 인상할 수 없다면 프리미엄 콘텐츠로 인한 구축효과가 발생한
다.[14]

앞에서 지적한 바와 같이 정체된 광고 수입은 상업적 지상파방송
사업자가 프리미엄 콘텐츠 확보를 위한 치열한 경쟁에 포함된다면
유사한 구축효과가 발생할 수 있는 가능성을 가지고 있다.

프리미엄 콘텐츠 확보를 위한 치열한 경쟁은 위험 회피의 표현이
다. 그렇게 함으로써 경쟁방송사들은 희소한 자원을 안정적으로 확
보하고 불확실성을 최소화하여 예상 가능한 시청자들을 활용할 수
있기 때문이다.[15] 채널 증가로 인한 경쟁사업자들의 증가(시청자들
의 파편화)는 이러한 위험 회피 행위를 촉진하는 경향이 있다.

---

content/publication/live-fapl-rights-reach-dizzy-new-heights 참조.

14) 예를 들어 영국의 경우 디지털 또는 케이블 유료방송 플랫폼의 시장침투는
    정체되어 있다는 다양한 증거가 있다(Ofcom. 2012. fig. 2.40 at p.154
    참조). 더욱이 고령화가 진행됨에 따라 그리고 상대적으로 젊은 세대의 임
    의 처분 구매력이 떨어지는 현상이 복합되어 이러한 현상이 가중되고 있다.
    Enders Analysis, *Demographic Trends — Old Money and the New*
    Media Dilemma, 19 Sept. 2012, http://s106656.gridserver.com/content/
    publication/demographic-trends-%E2%80%93-old-money-and-new-
    media-dilemma 참조.

15) 또 다른 불확실성을 제거하기 위한 일반적인 전술은 범죄나 법률 프로그램
    과 같은 익숙한 포맷에 의존하거나, 저비용의 장르 즉 코미디나 오락에 우
    선순위를 두거나, 내러티브를 많이 사용하거나, 기존의 유명한 배우나 작가
    를 고용하거나, 이미 인기가 있는 것으로 판명된 외국물을 구매하는 것이
    다. 자세한 내용은 Hargreaves Heap(2005) 참조. 논쟁은 있지만 최후의
    두 가지 옵션은 성격상 배타적인 특성을 지니고 있기도 하다.

방송시장에서 공영방송 사업자가 존재하지 않는다는 것은 상상
하기 어렵다. 그러나 지상파와 유료방송이 공존이나 공동 컨소시엄
을 구성하여 지상파방송은 대중에게 호소하는 일반 프로그램을 방
송하고 유료방송은 독점적인 프리미엄 콘텐츠와 틈새채널을 방송
하는 것은 가능하다. 물론 프로그램 다양성과 질적 측면을 본다면
공영방송만이 제공할 때 보다 작아 보일 수 있다. 공영방송은 일반
적으로 대중에게 호소하는 상징적인 채널이 필요하다. 한편 유료방
송 사업자들은 유료방송 수입을 확대하기 위하여 독점적인 프리미
엄 콘텐츠에 대한 예산에 집중한다고 할 수 있다.

디지털방송은 주파수의 한계는 극복하였고 유료방송과 차별화
서비스를 가능하게 하였으나 외부성은 극복하지 못했다. 기술 변화
는 다양한 멀티미디어 환경에서 다양한 틈새 채널을 가능하게 하였
다. 그러나 다양한 고품격 콘텐츠에 대한 경제적인 유인이 있다.
높은 고정비용, 프로그램 제공을 위한 작은 한계비용, 많은 시청자
들이 선호하고 광고주를 확보하기 위한 프리미엄 콘텐츠의 활용이
이러한 사례들이다.

▌온라인상의 콘텐츠 융합: 두 번째 디지털 파괴

디지털 전환은 대중들의 TV 접근 방법을 크게 변화시키지 않았
다.[16] 방송사의 TV 프로그램을 보면 일반적으로 TV 시청은 아직까

지도 거실의[17] 대형 TV와 가족과 함께 하고 있다.[18]

그러나 온라인을 통한 TV 프로그램의 유통은 새로운 형태의 소비 형태를 만들고 있다. 이동형 매체를 통해 사람들은 자신이 좋아하는 프로그램을 원하는 시간에 볼 수 있으며 때로는 이동하면서 볼 수 있다. 이러한 시청 행태는 공동으로 시청하던 TV 시청 행태를 감소시키고 있다.

현재까지 온디맨드(On-demand) 시청 행태로 이동하는 속도와 범위는 기대에 미치지 못하고 있다.[19] 시간 이동형 시청(time-shifiting viewing)의 인기는 준선형적 시청(quasi-liner viewing)으로 인하여 반감되었다. 신기술이 전통적인 방송 모델보다는 디지털 다채널 플랫폼을 통한 무수한 선형적 프로그램에 대한 완충지대 역할을 하고 있다.[20] 이는 대부분의 시간 이동형 시청행태가 왜 최초 (선형적)방송사에서 방송 후 2일 이내에 발생하는지 설명하고 있다.[21]

---

16) Deloitte(2012b), figs 3 and 4 at pp.6-7 참조.

17) 전게서 fig. 2 at p.5.

18) 예를 들어 TV 콘텐츠를 찾을 경우 사용되는 생방송 TV 스케줄링 기능은 PVR을 소유한 사람의 경우 70% 정도가 이용하고 있다. 전게서 fig. 13 at p.23 참조.

19) Barwise and Picard(2012) 참조.

20) 실제로 녹화 기기가 단순히 광고를 회피하기 위해 사용되는 경우 더욱 그러하다. 예를 들어 녹화된 프로그램을 편성시간 수 분 뒤에 플레이백하는 식을 통해 회피할 수 있다.

그러나 개빈 데이비스(Gavyn Davies)가 다음 장에서 지적하는 바와 같이, 젊은 세대들의 선형적 라디오 청취율 감소 사례는 모든 세대에서 패러다임의 변화를 예견케 하는 것이라고 할 수 있다.[22] 실제로 미국과 유럽에 걸쳐 대학을 졸업한 젊은 세대들과 관련하여 케이블 TV에 가입할 의사가 없는 코드 컷(cord-cutters)이나 코드 네버(cord-nevers) 같은 패러다임 변화가 논의되고 있다.

인터넷을 통한 영상 콘텐츠 소비의 증가로 상업적 비즈니스 모델이 변화되고 콘텐츠와 유통 프로그램 공급 체계 간에 갈등이 사라질 것이라고 하는 것은 현명하지 않다.[23] 시장 실패와 관련하여 위

---

21) 예를 들어 BARB는 Sky+박스를 소유한 가구의 타임시프팅 시청행태를 기존의 조사기간인 7일간(최장일 경우 28일)보다 길게 2008년부터 조사하고 있다. 수치를 살펴보면 7일 이내의 경우 플레이백하는 양은 2008년 기준 89%에서 2010년 85%로 떨어지고 있다. 지난 2년간 플레이백 양은 84% 수준에서 정체되어 있는 것으로 조사된다(대부분 이틀 안에 70%가 해당됨). 자세한 내용은 BARB, *What's New, What's Next*, Jan. 2013, http://www.barb.co.uk/whats-new/267 및 Ofcom(2012), at p.180 참조. Ofcom 의 조사에 다르면 사람들이 온라인 TV를 이용하는 이유는 방송을 놓쳤을 경우에 해당하고 그 비율은 59%인 것으로 조사되었다.

22) Ofcom 조사에 따르면 16~24세의 사람들은 TV의 캐치업(catch-up) 서비스를 선호하고(48%), 2010년 이래 7% 포인트 증가한 것으로 조사되었다 (Ofcom. 2013, fig. 2643 at p.173 참조).

23) 2000년 당시, European Commission은 주요 ISP와 두 개의 거대 음원사업자 간의 결합이 소위 게이트키퍼 역할을 통해 초기의 온라인 음악산업을 독점화할 것이라고 우려하였다. 자세한 내용은 Miguel M. Pereira, *Vertical and Horizontal Integration in the Media Sector and EU Competition Law*, 7 Apr. 2003, European Commission, p.6, http://ec.europa.

에서 언급한 두 번째 단계의 디지털 파괴의 영향이 나타나고 있다.

일반적으로 인터넷을 통한 유통은 진입장벽을 급속히 감소시킨다. 왜냐하면 인터넷은 어떤 콘텐츠 공급자도 전통적인 방송을 우회하여 시청가능자에게 접근할 수 있기 때문이다. 이러한 과정은 TV 서비스와 같은 온라인 콘텐츠 제공으로 시청자 파편화를 심화시키고 있으며, 두 번째 단계의 디지털화는 현재의 (준)선형적 방송시장의 실패를 더욱 심화시킬 수 있다.

왜냐하면 콘텐츠의 확산은 소비자들을 더욱 변덕스럽게 하는 경향이 있으며 이것은 결국 방송사업자들이 시청자 충성도를 당연하게 할 수 있는 능력이 약화되면서 위험을 회피하도록 하게 한다. 당초의 시청자 수를 유지해야 한다는 당위는 시청률 하락의 위험이 융합미디어 시대에 더욱 높아진다는 것을 말한다.

소비자를 유지하기 위한 새로운 주 전략은 온라인상의 세세한 소비자 활동을 모니터하는 것과 관련된 이른바 '빅데이터' 전략이다. 이러한 빅데이터 수집은 전례 없이 소비자의 선호를 파악하게 해주며, 콘텐츠 제공의 중심적인 역할을 하며 콘텐츠 추천 관련성을 증가시킨다.[24] 미래에 빅데이터는 관찰된 소비자의 선호를 파악하

---

eu/competition/speeches/text/sp2003_009_en.pdf 참조. 우리 모두가 알고 있듯이 게이트키퍼 역할은 가치사슬상의 중간단계에서 등장한다. 즉 휴대용 음악기기들과 같이 수직적 결합을 하지 않고도 상향 또는 하향 스트림을 통해 독점이 가능한 것이다.

24) Netflix와 같은 OTT 서비스 사업자가 전형적인 예이다. 즉 데이터 알고리

여 소비자에게 호소력을 높이는 콘텐츠를 제작하는 구심적 역할로
도 활용할 수 있다.25) 다른 말로 현재 소비자들이 어떤 것을 보고
있는지에 대한 집중적인 분석은 소비자들이 더 선호하는 프로그램
을 제공하게 한다.

이러한 콘텐츠 전략은 현재의 방송 사업자들보다 가입자 확보에
실패할 위험이 높은 OTT 사업자들에 의하여 개척되었다.26) 그럼

즘을 이용하여 개인화된 추천을 해 주는 기능이 그것이다. 자세한 내용은
The Netflix Tech Blog, 'Netflix Recommendations: Beyond the 5 Stars,'
6 Apr. 2012, http://techblog.netflix.com/2012/04/netflix-recommen
dations-beyond-5-stars.html 및 Netflix, 'Netflix Long Term View,' pp.
3-4, http://files.shareholder.com/downloads/NFLX/2399389974x0x656
145/e4410bd8-e5d4-4d31-ad79-84c36c49f77c/IROverviewHomePageLetter
_4.24.13_pdf.pdf 참조(Nerflix의 경우 사용자 홈페이지는 어떤 시점에 특
정 사용자에게 가장 적정하다고 생각되는 개인화된 순위를 제공하고 있다.
최근의 테라 수준의 클릭, 시청, 재시청 행태를 분석하여 가장 적합한 개인
화된 홈페이지를 제공할 수 있다. 이는 알고리즘을 통해 우리가 지불할 수
있는 능력과 관계없이 최고의 만족 수준을 도출하게 한다).

25) 전게서 Ibid., p.6 참조. 지난 수 년 동안 우리는 가입자들이 영화든 방송프
로그램이든 케이블에서 처음 방영하는 프로그램이든 간에 얼마나 많이 시
청할 것인가를 평가할 수 있는 기법을 지속적으로 개발하여 왔다. 또한
Netflix상에서 어떻게 작동되고 있는지도 평가할 수 있는 기법을 개발하였
다. 이를 통해 전문 제작자들이 프로그램(프로젝트)의 매력도를 평가하게
할 수 있는 단계까지 이르렀다.

26) Netflix 이외에도 새로운 OTT 콘텐츠 제작자 및 스폰서의 순위에는 Amazon,
Microsoft(생방송이 가능한 Xbox 플랫폼), Google의 유튜브가 있다. Greg
Satell, "What Netflix "House of Cards" Means for the Future of TV,"
Forbes, 3 Apr. 2013, http://www.forbes.com/sites/gregsatell/2013/03/

에도 불구하고 빅데이터에 대한 의존성은 쉽게 모방될 수 있으며[27] 위험성이 있는 창의적 방법은 결국은 보수적 점진주의자들에게로 넘어가게 될 것이다.[28] 국제적으로 새로운 OTT 진입자들이 많아지면서 전통적인 국경을 초월하여 결국 전 세계적인 시청자들에게 도달하게 되는 중요성을 가지고 있다.

빅데이터는 지상파와 유료방송에 적용될 수 있지만, 특히 지상파 방송이 빅데이터 적용에 관심이 있는 것은 양면성을 가지고 있는 과거의 비즈니스 모델 때문이다. 조슈아 갠즈(Joshua Gans)는 소셜 네트워크를 통해 방송사업자들이 프로그램의 인기를 유지하는 능력을 가지는 것은 선형적 TV 습관을 가진 시청자를 유지하는 핵심적인 요소라고 주장하였다. 저장할 수 없는 리얼리티 프로그램과 프리미엄 스포츠 같은 장르는 특히 중요하다.

지난밤의 시청행태를 논의하는 '워터쿨러 효과(water cooler effect)'[29]와는 달리 이러한 피드백 구조는 소셜 네트워크를 통해

04/what-Netflixes-house-of-cards-means-for-thefuture-of-tv 참조.

27) 그러나 최초 시행자(first mover)가 크리티컬매스를 잡을 정도로 경쟁사업자를 견제할 위치에 있는 한(관련 트래픽 포함), 자신의 데이터를 수집할 필요가 있다. 이러한 전략은 최초 시행자가 누릴 수 있는 어마어마한 기회이다.

28) 자세한 내용은 Andrew Leonard, "How Netflix is Turning Viewers into Puppets," 1 Feb. 2013, Salon, http://www.salon.com/2013/02/01/how _netflix_is_turning_viewers_into_puppets/print 참조.

29) 사무실이나 조직에서 정수기 앞에서 (휴식을 겸해서) 직원들의 비공식 의사소통이 증가하는 현상을 말한다(역자 주).

TV를 시청하는 즉시 라이브로 발생한다. 동시 시청은 광고주뿐만
아니라 방송사가 소비자의 선호에 대한 새로운 데이터 소스를 모니
터하고 이용하게끔 한다.[30)]

조슈아 갠즈는 또한 시간 이동형 시청과 동시의 워터쿨러 효과는
복잡한 장편의 TV 시리즈를 개발하는 데 도움을 준다고 한다. 에피
소드 방송의 인기로 인하여 중간에 새롭게 시청하는 사람들은 미처
보지 못한 에피소드를 다시 보기 프로그램을 통해 시청할 수 있기
때문이다.[31)]

트위터나 페이스북과 같은 소셜 네트워크를 사용하여 방송되고
있는 프로그램에 대하여 코멘트를 하는 것은 초보적인 '세컨드 스크
린(second screen)'(TV를 시청하면서 태블릿이나 스마트폰과 같은
부가적인 모니터를 사용) 애플리케이션이다. TV 콘텐츠와 세컨드
스크린 애플리케이션을 동시에 이용함으로써 사회적 관계를 형성
하고 상호작용을 할 수 있는 프로그램에 매료된 사람은 방송사에게

---

30) 예를 들어 트위터의 경우 TV 주시청시간대에 영국 트위터 트래픽의 40%가
   TV와 관련된 것이다. 자세한 내용은 Twitter, "Tune in with Twitter —
   Driving Discovery and Engagement with TV," available at www.broad
   castnow.co.uk/Journals/2013/01/17/g/f/h/TwitterTV.pdf 및 Boston Globe,
   'Cambridge's Bluefin Labs Decodes Social Media Chatter,' 25 Nov.
   2012, http://www.bostonglobe.com/2012/11/25/cambridge-bluefin-labs-
   decodes-social-media-chatter/SLDp9nflJK0tFQKBPuVZhP/story.html 참조.
31) 장기간 인기를 끌고 고정 팬을 확보하는 TV 시리즈가 어떻게 자생할 수
   있는 브랜드가 되고, 콘텐츠 제작자와 방송채널 양쪽에 브랜드를 가지고
   최대한의 이윤을 확보하는지에 주목할 필요가 있다.

는 큰 장점이다. 이런 시청자들은 프로그램 내용을 먼저 알 수 있고
사람들을 끌 수 있는 상호작용 역할을 할 수 있다.[32]

부가적인 콘텐츠(프로그램 배경 등)와 함께 세컨드 스크린 애플
리케이션은 광고를 판매하는 데 사용할 수 있기 때문에 경쟁력 있
는 장점이다. 방송과 동시에 광고를 판매할 수 있는 방법은 시청자
가 광고를 회피하는 위험성을 줄일 수 있기 때문에 인기 있는 방법
이 될 수 있다. 이런 기술 형태의 광고는 지상파방송뿐만 아니라
유료방송 사업자에게도 매력적일 수 있다.

빅데이터를 이용한 인터넷 유통 플랫폼에 대한 정교한 타게팅
덕분에 광고기피 위험은 더욱 줄일 수 있다.[33] 그러나 타깃 광고가
지상파방송에 얼마만큼 이익이 될지는 의문점으로 남아 있다. 왜냐
하면 시청자 분절이 높다는 것은 일반적으로 대량의 시청자들에 도
달하는 것을 어렵게 하기 때문이다.[34]

---

32) 논쟁은 있으나, 외국의 제작사들이 이미 해외에 스크린하는 경우는 예외로
    볼 수 있다.
33) 프라이버시나 데이터 보안에 대한 염려 이외에도, 수용자가 계속해서 생산
    자가 되고 광고주가 되고 있다는 점은 고민할 필요가 있다.
34) 따라서 광고와 관련한 영국에서의 움직임이 사업자들에 의해 시작된 것은
    전혀 놀라운 일이 아니다. BSkyB, Virgin Media. 그리고 최근에는 Tesco
    등 사업자들이 TV 광고시간 판매로부터 수익창출을 기도하고 Tesco의 경우
    Reuter의 기사 "Tesco Plans Targeted Advertising with Launch of Free
    TV Service," 6 Mar. 2013, available at http://uk.reuters.com/article/
    2013/03/06/uk-tesco-tv-launch-idUKBRE9250I720130306 참조. 공공서비
    스방송 사업자 중에서는 C4만이 지금까지 '하위 인구통계(sub-demographic)'

그러므로 두 번째 단계의 디지털 파괴는 콘텐츠 다양성과 질의 상쇄관계를 악화시킬 수 있다. 또한 두 번째 단계의 디지털 파괴는 프로그램이 대중 시청자들을 만들 수 있을 뿐만 아니라 온라인상의 라이브로 사회적 상호작용성을 만들 수도 있다.

비슷한 트렌드는 유료방송 사업자에게도 영향을 줄 수 있다. 한 편으로 디지털 컨버전스는 OTT 사업자들이 현재의 유료방송 사업 자들보다 독점적 프리미엄 콘텐츠 경매에서 보다 비싼 대가를 치를 수 있다고 주장한다.35) 다른 한편으로는 OTT 서비스의 가장 큰 장 점인 '코드 컷'이나 '코드 네버'는 OTT 사업자가 전형적인 유료채널 패키지에 포함된 인기 없는 채널을 제외할 수 있도록 해 준다.36)

를 대상으로 4oD 캐치업 온라인 서비스를 시행하고 있다. 자세한 내용은 "Your House, Your Advert," *Television: The Journal of the Royal Television Society*, Mar. 2013, p.31. See also Deloitte(2012a); 및 Felix Salmon, "Content Economics, part 1: Advertising," *Reuters*, 21 Feb. 2013, http://blogs.reuters.com/felix-salmon/2013/02/20/content-econo mics-part-1-advertising 참조.

35) 프리미엄 영화와 관련하여서는 Competition Commission, *Movies on Pay TV Market Investigation: A Report on the Supply and Acquisition of Subscription Pay-TV Movie Rights and Services*, 2 Aug. 2012, para. 7.10 at pp.7-3, http://www.competition-commission.org.uk/assets/ competitioncommission/docs/2010/movies-on-pay-tv/main_report.pdf 참조.

36) 자세한 내용은 Brandon G. Withrow, "Will 2013 Be the Year of the Cord-Cutters and Cord-Nevers?" *Huffington Post*, 22 Feb. 2013, http:// www.huffingtonpost.com/brandon-g-withrow/cord-cutters_b_2713905.

이 두 가지 원리는 틈새채널을 유지하기 위한 유료방송 사업자의 기존 패키지별 가격전략을 약화시킬 수 있다.

OTT 사업자들은 자신이 콘텐츠에 직접 투자함으로써 현 콘텐츠 사업자들이 가입자를 유지하는 데 핵심적인 역할을 하는 양질의 프로그램 공급을 거부하는 문제를 해결할 수 있다.

넷플릭스(Netflix)는 현재까지 알려진 가장 좋은 사례로[37] 처음으로 자체 제작 프로그램인 '하우스 오브 카드(House of Card)'를 방송하였는데 시청자들이 에피소드를 집중적으로 볼 수 있도록 몰아보기(binge viewing) 시청행태를 낳았다.[38] 이 새로운 방식의 프로그램 배급 방식은 동시에 소셜 미디어를 이용할 수 없는 위험성을 가지고 있었지만 몰아보기 시청을 경험하지 않는 사람들이 이 시청방법을 경험하도록 하였다.[39]

---

html. For an economic discussion, see Waterman et al.(2012) 참조.

37) 4월에 아마존은 전체 시리즈물로 제작할 대상을 결정하기 위해 소비자의 피드백을 보기 위한 14개의 텔레비전 파일럿을 론칭한 바 있다. Brad Stone, "Amazon Tries to Push Into Original TV Programming," 27 Mar. 2013, *Bloomberg Business Week*, available at http://www.business week.com/articles/2013-03-27/amazon-tries-to-push-into-original-tv-pro gramming 참조.

38) Liz S. Miller, "Binge-viewing Netflix's House of Cards: I Just had a Very Long Day of Drama," *PaidContent*, 1 Feb. 2013, http://paidcon tent.org/2013/02/01/binge-viewing-Netflixs-House-of-cards-i-just-had- a-very-long-day-of-drama 참조.

39) 자세한 내용은 Liz S. Miller, "House Of Cards, One Week Later: Spoiler

디지털 컨버전스는 전통적인 '소비자'의 시장 실패와 관련된 문제를 완화하기보다는 더욱 악화시켰다. 왜냐하면 지상파방송과 유료방송에 대한 콘텐츠의 다양성을 어렵게 하는 경향의 압력 때문이다. 치열한 경쟁구도는 위험을 회피하는 구조를 형성하고 대신에 관행적인 프로그램을 만들게 한다. 반면 경쟁구도는 독점적 콘텐츠에 대한 가격을 상승시킬 수 있다.

결국 디지털 컨버전스로 방송사업자들이 혼합적인 경영방식을 가속화하기 때문에 광고를 기반으로 하는 지상파방송과 유료방송 사이의 경영방식 차이는 급속히 사라진다.40) 그러나 디지털 컨버전

Alerts and the DVD Question," *PaidContent*, 10 Feb. 2013, http:// paidcontent.org/2013/02/10/house-of-cards-one-week-later-spoiler-alerts-and-the-dvd-question 및 Joshua Gans, "House of Cards," Wants to be Shared, 6 Feb. 2013, *Digitopoly*, http://www.digitopoly.org/ 2013/02/06/house-of-cards-wants-to-be-shared/ 참조. 그러나 사람들은 TV 프로그램과 같은 경험재를 소비결정할 때 전문가나 사용자의 피드백에 의존하기 때문에 이를 막기는 쉽지 않다. 오히려 이러한 혁신적인 마케팅이 만들어 내는 입소문이 환영조의 촉발효과를 가져왔어야 한다고 말할 수는 있다.

40) 이러한 측면에서 디지털 융합현상이 두 가지 형태의 사업자들이 두 가지 형태의 수입(즉 광고와 PPV)을 두고 경쟁하는 한, 규제기관이나 경쟁 감시기관들이 생각하는 전통적인 지상파와 유료방송과의 차이점은 지속적인 변화 압력 속에 있다 하겠다. 따라서 한 가지 비즈니스 모델을 선택할 것인가의 여부는 일종의 차별화 전략으로도 볼 수 있다. 이를 통해 경쟁사업자를 지상파와 유료방송이라는 스펙트럼의 반대쪽 한 끝에 위치 짓게 되는 것이다. 이를 통해 가격경쟁을 완화시키고 자신만의 영역(즉 광고주 또는 가입자 영역)에서 시장지배력을 행사할 수 있게 된다. 말할 것도 없이 비즈니스

스가 콘텐츠 공급의 탈-중개인화를 가져온다는 것은 아니다.

영상 콘텐츠는 근본적으로 경험재(experience good)이며 향후에도 그렇다. 그러므로 인터넷을 통한 콘텐츠의 증가는 새로운 형태의 콘텐츠 집합(agglomeration)과 매개화(intermediation)를 가져올 가능성이 있다. 이러한 관점에서 인터넷을 통한 콘텐츠의 유통은 새로운 형태의 콘텐츠 게이트 키퍼의 기능과 함께 전통적 콘텐츠 모집자(aggregators)를 대체한다.

신기술은 방송사가 이용해야 할 기술이며 전략적 목적으로 이용하는 것은 개별 방송사가 결정한다. 이러한 측면에서 조직적인 관점이 중요하다.

유료방송 사업자와 OTT 사업자는 이익을 극대화한다. 다양한 면을 가지고 있는 공영방송을 쉽게 단순화하는 것은 어려운 일이다.[41] 그러나 (BBC를 포함하여) 광고나 유료수입을 통해 수익을

모델 차원에서의 '극대화 차별전략(Maximum differentiation)'은 복잡한 미디어 환경에서 지속적인 압력을 받을 것이다. 따라서 새로운 진입자는 혼합 비즈니스 모델을 선택할 수도 있고 이를 통해 기존 사업자의 전략적 위상에 변화를 줄 수도 있다.

41) 혼합경제 하에서 PSB의 객관적인 기능 구현 모델을 정립하려는 것은 쉽지 않다(Gonzalez-Maestre and Martinez-Sanchez, 2010 참조). 소비자 복지 최대화와 도달범위 최대화 사이에는 상쇄관계가 존재하기도 한다. 즉 경쟁에 관한 규범적인 공간(spatial)모델에서는 품질과 다양성 간의 상쇄관계가 있음을 보여 준다. 분명 이 부분에 대한 보다 심도 있는 연구가 필요하지만, PSB가 재원의 가치차원에서 보면 엄격한 규율을 따라야 하는 것은 분명하다(Picard, 2003 참조).

극대화한다는 것은 분명하다.

헬렌 위즈(Helen Weeds)와 조나단 레비(Jonathan D. Levy)가 이미 지적한 바와 같이 공영방송의 중요한 문제는 공적 규제를 정당화하는 것이 아니라 공적 규제가 디지털 컨버전스 시장에서 효과적으로 역할을 하는가 하는 문제이다.

왜냐하면 다양한 상업적 콘텐츠가 있는 상황에서 공영방송이 시청자를 유지하는 것은 점차 어려워지고 있다. 아날로그 시대 채널 선택의 폭이 좁은 상황에서 공영방송이 의무적으로 제공하는 다양한 콘텐츠로 인해 시청자들을 확보할 수 있었다. 그러나 디지털로 인한 폭발적인 채널의 증가로 시청자들은 원한다면 이러한 시청을 하지 않을 수도 있게 되었다.

공영방송 프로그램을 특별히 선호하는 시청자들이 공영방송 프로그램에 대한 열렬한 지지자가 될 것이라고 주장할 수 있다. 그러나 이런 시청자들은 이 프로그램을 다른 방식을 통해서 본다면 기꺼이 비용을 지불할 의사가 있다. 따라서 공영방송의 보편적 접근권은 위기에 직면할 가능성이 있다.

그러나 이러한 견해는 공영방송의 의무 중에서 어떤 프로그램이 제공되는가에 대한 협의의 견해에 기초하고 있다. 시청자들이 자신들의 인식 지평을 확대하기 위해 사회 전반에 도움이 되는 방향으로 프로그램에 수정을 가하면서 시청하는 경우는 없다. 공공서비스 방송은 매우 미묘한 예술적 작업으로 다양한 프로그램을 포괄하고, 기존의 선형적 프로그램이나 새로운 시청방식 간의 연결고리를 만

들어 내고 있다(자세한 내용은 Helen Weeds. p.9 참조).[42] 공공
서비스방송 후원주의(paternalism)라는 것도 과거에 비해 공중을
돌본다는 의미가 많이 퇴색되고 있다.[43]

디지털 멀티채널 플랫폼의 도입과 함께, 시청자들의 채널 선택권
은 상당히 넓어졌다. 그러나 아직까지 공영방송은 자체 디지털 채
널을 시작하여 일정 시청률을 유지하고 있다. 시청자들은 TV를 휴식
의 일부분으로 간주하고 선호도는 크게 변화되지 않았으며 TV 가
이드(EPGs)에서 친숙한 채널을 우선적으로 시청하는 경향이 있다.

디지털 컨버전스에 의한 가차없는 탈매개(disintemediation)화
의 과정으로 인해 TV 가이드의 우월성은 위기에 직면하고 있다.
공영방송은 공적인 관여가 증가할수록 역설적으로 새로운 온라인
매체를 통한 선택의 다양성이 증가하고 있다.

우월성은 매우 드문 자원으로 지불의사와 능력이 있는 콘텐츠 사
업자에게 판매될 수 있다. 이 환경 변화는 프로그램의 질과 다양성
간의 상쇄효과와, 위에서 설명한 바와 같이 위험 회피로 인한 진부

---

42) PSB 방송사업자는 가능하면 많은 시청자가 시청할 수 있게 하기 위해 기존
    의 형태 또는 인기 있는 형식의 편성과 함께 새로운 또는 도전적인 프로그
    램 편성을 할 것이다. 이러한 관행을 소위 '해머킹(hammocking)'이라고도
    하는데, 정보의 비대칭성 원칙에 기반하고 있는 방식이기도 하다. 즉 TV
    프로그램은 경험재로서 신뢰 있는 브랜드에 영향을 받기 쉬우며 마치 반복
    된 구매에서 나오는 효과와 유사하다.
43) 이러한 비판은 1966년에 이미 Coase에 의해 제기되었다. 자세한 내용은
    Armstrong and Weeds(2007) 참조.

한 프로그램과 같은 현상이 확대되지는 않겠지만 반복되는 경향을 갖게 한다.44) 그러나 이러한 온라인 게이트키퍼의 양면성은 가장 인기 있는 브랜드는 언제나 우월한 위치를 갖게 하는 경향이 있으며, 공영방송사들도 이에 포함된다고 할 수 있다.

콘텐츠 공급의 지형이 두 번째 디지털 파괴로 가고 있다는 것은 물론 추측에 불과하다. 전 단계 시나리오에서는 공영방송에게 우월한 온라인 콘텐츠를 보장하도록 법적인 안전장치가 제안되었다 (Foster and Broughton, 2012 참고). 반면 후반 단계의 시나리오에서는 관성적인 시청자는 인기 있는 콘텐츠를 보는 것이 아니라 우수한 공영방송 콘텐츠를 기대한다.

또한 디지털 컨버전스는 온라인 콘텐츠 제공에 있어 '슈퍼스타 (superstars)'와 '롱테일 법칙(long-tail)'과 같은 양극화 경향을 나타낼 수 있다. 낮은 진입장벽은 콘텐츠 제공 사업자로 하여금 대중적인 시청자(broad-base audiences)를 대상으로 하거나 특화된 니치

---

44) Baye et al.(2012) 참조. 이러한 긴장관계를 이해하기 위해서는 검색결과에 불순물이 섞이지 않는 유기적 검색(organic search)이 계열로 편입되어 있는 제작사들에게 유리하도록 플랫폼 소유자들이 통제가 가능하다는 논란을 눈여겨볼 필요가 있다. 이러한 논란이 반독점 감시 및 조사를 매력적으로 보이게 한다는 점은 많이 지적되고 있다. 자세한 내용은 Joaquin Almunia, VP of the European Commission responsible for Competition Policy, "Statement of VP Almunia on the Google Antitrust Investigation," 21 May 2012, http://europa.eu/rapid/press-release_SPEECH-12-372_en.htm ?locale=en 참조.

시청자(target narrow niches)를 대상으로 할 수 있도록 자극한다 (Bar-Isaac et al. 2012 참고).

위에서 설명한 바와 같이 이러한 현상은 글로벌 시장에서도 발생한다. 양극화로 인해 치열한 경쟁구도 속에서 구축되었던 콘텐츠 제공자는 희생될 수 있다.[45] 이러한 콘텐츠는 다양한 시청자의 선호와 취향을 고려하는 영국 드라마, 어린이 프로그램, 시사프로그램을 포함한 양질의 우수한 콘텐츠를 포함한다. 치열한 융합 미디어 시장에서 중간 시청자들을 위한 편집 전략(editorial strategy)은 상업화된 환경에서 의미가 없다.[46] 왜냐하면 온라인 콘텐츠의 경제성을 고려할 때 대안적인 전략 수립보다도 더 위험하기 때문이다.

그러나 다양한 사업자들이 경쟁하는 상업화된 미디어 환경에서 어떠한 전략을 수립할지라도 공영방송의 콘텐츠 전략은 실패할 수

---

45) 위에서 설명하였듯이, 조슈아 갬즈는 디지털 융합환경 하에서 현재 제공되는 콘텐츠 스펙트럼상의 소위 미들갭(middle gap)의 가능성에 주목한다. 이 주요 동인은 롱런하는 TV 시리즈를 중심으로 실시간 소셜 미디어를 통한 상호작용을 하고 이를 통해 강력한 공동체 유대를 형성하게 되는 현상에 기인한다. 따라서 그러한 프로그램 장르는 마치 생방송 사건사고와 같이 시청자들로 하여금 소셜 네트워크를 통해 의견을 달게 하는데 이러한 프로그램은 사업적 콘텐츠 제공자가 하기에는 어려움이 있다. 자세한 내용은 Tim Harford, "Changing Channels: Why TV has had to Adapt," 23 Feb. 2013, http://timharford.com/2013/02/changing-channels-why-tv-has-had-to-adapt 참조.

46) 이러한 이론적 틀은 디지털 융합환경 하에서의 공정한 뉴스 그리고 시상보도 제공의 경우에도 적용될 수 있다(Sambrook, 2013 참조).

있다. 공영방송의 우수성은 공영방송의 혁신과 적절한 규범, 명성 그리고 브랜드 가치로 유지되어야 한다. 인기 있고 신뢰할 수 있는 브랜드와 같은 핵심적인 사항은 공영방송이 온라인에서 우월성을 보장하는 데 도움을 줄 수 있다.[47]

그런 면에서 지금까지 BBC 브랜드와 아이플레이어는 효과적인 '핵심'을 제공하고 있다. 이러한 장점을 유지하기 위하여 프로그램 장르와 시청자들의 기호를 최대한 폭넓게 반영하고 유지하는 것이 중요하다. 이 목적을 달성하기 위하여 BBC는 방송 분야의 많은 고정비용, 다양한 프로그램 요구, 성공적인 편집 전략과 기술 전략 문제 등에 충분한 자원을 확보하는 것이 필요하다. 또한 BBC와 다른 공영방송사업자들을 유지하기 위한 규제적인 조치들도 재정립 되어야 한다.

▌결 론

디지털 기술로 인한 방송시장의 시장실패는 공영방송에 대한 공적영역의 규제에 대한 많은 의문을 제공한다. 향후 이 분야 연구를

---

47) 이른바 주안점이라는 것을 설정할 필요성은 과거에 제시된 유일한 PSB사업자 대신에 주파수위원회를 설립한다거나 콘텐츠 베이스로 공적 자금을 분배하는 권하는 가진 기관 설립 등의 해결방안과 충돌하는 경향이 있다는 것도 주목할 필요가 있다.

위한 핵심 문제는 다음과 같다.

1. 콘텐츠 이용성, 배급기술, 시청자 선호가 변화하는 환경에서 어떻게 공영방송 사업자들이 프로그램 제공자로서 다양한 콘텐츠 장르를 지속적으로 제공할 수 있는가?

2. 규모의 경제와 네트워크/플랫폼 효과가 작동하고, 많은 대중에게 매력적인 콘텐츠 제공을 통해 수익을 창출하는 디지털 시장의 기제는 결국 시장집중을 일어나게 할 수밖에 없다. 문제는 이러한 상황에서 어떻게 공적 개입을 통해 혁신을 지원하고 신규 사업자를 참여케 하는 최상의 구조를 만들 수 있을 것인가 하는 것이다.

3. 규모의 경제로 인하여 미디어 시장은 국제화되고 있는데 자국 문화와 자국 미디어 사업자를 위해 필요한 조치들은 무엇인가?

4. 온라인 디지털 시장에서 소비자 복지를 지속하기 위하여 공영방송의 지배구조를 개선하여야 하는가?

▌ 참고문헌 ▌

Anderson, S. P., and Gans, J. S. 2011. "Platform Siphoning: Ad-Avoidance and Media Content." *American Economic Journal*, 3: 1.

Armstrong, M. 2005. "Public Service Broadcasting." *Fiscal Studies*, 26: 281.

Armstrong, M., and H. Weeds. 2007. "Public Service Broadcasting in the Digital World." In P. Seabright and J. von Hagen, eds. *The Economic Regulation of Broadcasting Markets: Evolving Technology and Challenges for Policy.* Cambridge University Press, 81-149.

Bar-Isaac, H., G. Caruana, and V. Cuñat. 2012. "Search, Design, and Market Structure." *American Economic Review*, 102: 1140.

Barwise, P., and R. G. Picard. 2012. *The Economics of Television in a Digital World: What Economics Tells us for Future Policy Debates*(RISJ), available at https://reutersinstitute.politics.ox.ac.uk/fileadmin/documents/Publications/Working_Papers/The_economics_of_television_in_a_digital_world.pdf

Baye, M. R., B. I. De los Santos, and M. R. Wildenbeest. 2012. *What's in a Name? Measuring Prominence, and Its Impact on*

Organic Traffic from Search Engines, Mimeo, available at http://dx.doi.org/10.2139/ssrn.2191051.

Deloitte. 2012a. *Targeted Television Advertisements Miss the Point* (Deloitte), available at http://www.deloitte.com/view/en_ G X/global/industries/technology-media-telecommunications/ tmt-predictions-2012/media-2012/18c9068df67a4310VgnVCM 1000001a56f00aRCRD.htm

_____. 2012b. *TV: Why?*(Deloitte), available at http://www.deloi tte.com/view/en_GB/uk/industries/tmt/media-industry/perspec tives-on-the-uk-tv-sector/index.htm

Foster, R., and T. Broughton. 2012. *PSB Prominence in a Converged Media World* (Communications Chambers, Report commissioned by the BBC), available at http://downloads. bbc.co.uk/aboutthebbc/insidethebbc/howwework/reports/pdf /bbc_psb_prominence.pdf

González-Maestre, M., and F. Martínez-Sánchez. 2010. *The Role of Program Quality and Publicly-Owned Platforms in the Free to Air Broadcasting Industry, Mimeo*, available at http://www. alde.es/encuentros/anteriores/xiveea/trabajos/m/pdf/053.pdf

Hargreaves Heap, S. P. 2005. "Television in a Digital Age: What Role for Public Service Broadcasting?" *Economic Policy*, 20/41: 127.

Lin, P. 2012. "Market Provision of Program Quality in the Television Broadcasting Industry." *BE Journal of Economic Analysis and Policy*, 11, article 17.

Ofcom. 2012. *Communications Market Report 2012*(Ofcom), available

at http://stakeholders.ofcom.org.uk/binaries/research/cmr/cmr
12/CMR_UK_2012.pdf

Peitz, M., and T. Valletti. 2008. "Content and Advertising in the
Media: Pay-TV versus Free-to-Air." *International Journal of
Industrial Organization*, 26: 949.

Picard, R. 2003. "Assessment of Public Service Broadcasting: Eco-
nomic and Managerial Criteria." *Javnost/The Public*, 10: 29.

Sambrook, R. 2012. *Delivering Trust: Impartiality and Objectivity in
the Digital Age*(RISJ), available at https://reutersinstitute.po
litics.ox.ac.uk/fileadmin/documents/Publications/Working_Pa
pers/Delivering_Trust_Impartiality_and_Objectivity_in_a_Digit
al_Age.pdf

Waterman, D., R. Sherman, and S. W. Ji. 2012. *The Economics of
Online Television: Revenue Models, Aggregation, and TV
Everywhere*(2012 TRPC), available at http://dx.doi.org/10.
2139/ssrn.2032828

Weeds, H. 2012. *TV Wars: Exclusive Content and Platform Compe-
tition in Pay TV*(CEPR), available at http://privatewww.ess
ex.ac.uk/~hfweeds/CEPR_DP8781_TV%20Wars_Jan%202012.
pdf

9
BBC의 2020 비전

| 개빈 데이비스(Gavyn Davies)

나는 2004년 1월 28일 BBC 이사장직을 사임하였으며 그 이후 BBC와 관련된 어떤 공개적인 언급을 하지 않았다. 이상할 수도 있지만 나는 BBC의 역할이나 구조에 대하여 많은 생각을 하지 않았다. 그러나 나는 지난 10년간을 되돌아보면서 방송환경 변화가 공영방송과 BBC 변화에 어떤 영향을 미쳤는지 다시 생각할 수 있는 기회를 가졌다.

친구들과 BBC 지인들은 BBC의 가치와 역할에 대한 나의 견해가 변하지 않았다고 내게 말하는데 놀라운 일은 아니다. 나는 지난

10년간 급속한 기술 환경 변화가 BBC와 같은 공영방송의 위상을
강화하였다고 믿고 있다.

아마도 영국 의료제도인 NHS(National Health Service)를 제외
하고, 영국에서 BBC처럼 공공기관으로서 사회적 관심의 대상이 되
는 조직은 없다. 역사적인 측면에서도 BBC는 방송의 주 관심 대상
이 되었다. 미디어 환경변화 속에서 BBC는 생존 가능한가? 이 질
문은 1950년대에 벌써 시작되었다. 그러나 영국사회의 민주주의 관
점에서 BBC는 중요한 역할을 남겨두고 있다.

이 중요한 역할을 수행하기 위하여 BBC는 현재의 조직 수준을
유지하여야 하며 무료 보편적 서비스는 유지되어야 한다고 개인적
으로 생각한다. 정보를 제공하고, 교육적이며 오락적인 프로그램을
통한 역할은 지금까지 지속되었는데 그 역할을 민영방송에 부여하
였다면 실패했을 부분이다. 이 목적은 현재의 BBC 허가 기간이 끝
나는 2017년 이후에도 중단되어야 할 이유가 없다.

▋ 지난 10년간 방송환경 변화

먼저 나는 지난 10년간 방송환경 변화를 주목하고자 한다. 많은
변화는 대체적으로 예측되었거나 내가 BBC에 있을 때 이미 가시화
되었으며 또한 놀라운 일이 발생한 것도 사실이다. 많은 사람들은
지난 10년간 기술변화가 급속히 진행되어 BBC는 환경변화에 적응

하여 변해야 하며, 그렇지 않으면 사라질지 모른다고 주장하였다. 방송 프로그램이 최종 시청자에게 전달되는 프로그램 전송 과정을 본다면 알 수 있다. 과거에도 그랬듯이 BBC가 이 문제에 성공적으로 적응할 수 있다고 나는 매우 낙관적인 견해를 가지고 있다. 방송 시장이 모든 면에서 극적으로 변화되었지만, 지난 10년간 BBC는 적절히 대응하였다.

TV, 컬러TV, 디지털TV, 라디오, 인터넷, 아이플레이어가 등장함으로써 역사적인 관점으로 보면 BBC는 프로그램 전송측면에서 많은 변화를 겪었다. 각 매체별로 BBC는 이 변화에 적응할 수 있었으며 기술 변화를 일반 시청자들이 이용할 수 있도록 하는 주도적인 역할을 수행하였다. 그러나 BBC의 진정한 역할은 프로그램을 전달하는 역할에 있는 것이 아니며, 고품격의 콘텐츠(high-quality content)를 만들고 배분하는 것이다. 이 측면에서 나는 다른 사람들이 주장하는 만큼 방송 환경이 변화되었다고 생각하지 않는다. 오늘날 우리는 다수의 고품격 프로그램이 유통되고 있는 것으로 보고 있으나, 소비자 입장에서는 고비용으로 인하여 소수의 사람들만 즐기고 있다. 또한 우리는 저질의 콘텐츠가 무료로 유통되고 있는 것을 볼 수 있으나 고품질의 프로그램이 무료로 유통되는 것은 거의 볼 수 없다. 이는 민간방송에서는 비용 문제로 인해 만들 수 없기 때문이다.

현재 일부 신문사 웹사이트에서는 이런 원칙의 예외 사례를 볼 수 있으나, 나는 이는 경제 원칙상 맞지 않기 때문에 오래 지속되지 않을 것으로 생각하고 있다. 고품질의 콘텐츠를 무료로 다수에게 제공하려고 하면 공공재원이 유일하게 가능한 방법이다.

디지털 전환에 대하여 회의적인 견해가 많았지만, 2004년 이미 많은 사람들이 다채널 디지털TV를 시청할 수 있게 되었다. 결국 내가 잘못 판단했지만 아날로그 방송이 중단되는 2013년 정치적인 파장을 낳을 것이라고 생각했던 때를 기억한다. 다행히 BBC와 정부의 협력으로 디지털 전환은 원활히 진행되었으며, 나는 그레그 다이크(Greg Dyke) 사장 시절 추진한 프리뷰(Freeview)가 결정적인 역할을 하였다고 생각한다.

현재 96%의 영국 국민들이 다채널 디지털 서비스를 이용하고 있으며, 주파수 부족의 시대는 끝나가고 있다. 디지털 전환과 함께 영화와 스포츠 콘텐츠를 기반으로 그동안 유료방송 시장을 주도한 위성방송 사업자도 상당한 변화를 겪었다. 유감스럽지만 BBC는 스포츠 중계권을 잃었으며 그 불가피한 측면을 인정해야 한다고 나는 생각한다. 그러나 앞으로 더 많은 변화가 예정되어 있다.

2004년 이미 영국 가구들이 다채널 서비스를 이용하고 있었지만 BBC는 상당한 시장을 점유하고 있다. 그러나 시청자들이 다양한 새로운 채널 선택의 기회를 가지게 됨으로써 BBC는 불가피하게 시장 점유율을 잃었다. 그러나 이제 디지털 전환이 완료되었으며 BBC가 대중들이 원하는 콘텐츠를 지속적으로 제공한다면 BBC의 시장점유율 하락도 끝이 날 것으로 보인다.

내가 10년 전에 예상했던 것보다 높게, BBC는 TV 시장에서 3분의 1, 라디오 시장에서 50%의 시장 점유율을 확보한 가운데 디지털 전환이 완료되었다. 반면 다른 공영방송 사업자들은 BBC보다 더 어려움을 겪었다. 예를 들면 ITV1의 시청률은 1992년 40%에서 오늘날 16%로 하락하였으며, 이러한 결과로 예술 프로그램, 지역 뉴스와 같은 분야에 대한 공영방송사로서 역할을 재고하게 되었다.

ITV가 직면한 위기는 광고시장 변화가 가장 큰 요인이며, 광고시장 점유율이 급속히 감소하고 있다. 2007년 이후 인터넷을 기반으로 한 새로운 광고매체의 등장으로 ITV, 채널4, Five의 광고시장은 전례 없는 불황기를 겪었다. 또한 ITV의 광고점유율은 칼톤과 그라나다(Carton과 Granada) 인수 이후 규제 강화로 하락하였다. 오늘날 일부의 사람들은 BBC 국내 서비스가 광고로 충당되어야 한다고 주장한다. ITV, 채널4 및 다른 방송사의 어려움은 항상 BBC와 관련되어 있었다. 경영적 관점에서 경쟁사업자의 어려움은 경쟁사 입장에서 좋은 소식이이지만 이 사례에서는 아니다. 1950년 이후 BBC는 ITV 및 SKY와 같은 상업 방송사들과 경쟁하여 프로그램 측면에서 상당한 이익을 얻었다. 경쟁구조는 시장구조를 형성할 수 없는 기업에게 매우 건전한 역할을 한다. 또한 ITV가 경제적 위기를 겪을 때마다 공공재원으로 운영되는 BBC에 대해 정치권은 더욱 적대적이었다.

이러한 측면에서 상업적 수익으로 운영되는 공영방송이 건전한 형태를 가지고 있는 것은 장점이 많다. 그러나 이것은 조금은 부적합해 보인다. BBC만 공적 역무를 수행하고, 상업적으로 운영되는 공영방송은 완전한 상업방송으로 변하게 된다.

이 과정에서 중요한 결론은 공적재원으로 운영되는 공영방송은
사적재원으로 운영되는 방송모델보다 더 안정적으로 지속되어야
한다는 것이다. 사적재원으로 운영되는 방송이 어려움에 직면하면
서, 공영방송으로서 BBC의 중요성은 더욱 커졌다.

전통적인 방송시장에서 지난 10여 년간 기술적 환경은 더욱 급변
하였다. 이런 기술변화는 BBC 존 버트(John Birt) 사장 재임기인
1990년대의 10년에서 15년 전 이미 큰 틀에서는 예측되었다. 1997
년 BBC 인터넷 사이트를 개설했으며 1998년 디지털 서비스를 실
시하였다. 저자가 2001년 BBC 경영위원회 이사장이 되었을 때
BBC의 사업범위에 대한 치열한 논쟁이 있었으며, 민간영역의 민영
방송에서는 격렬한 반대를 하였다. 그러나 이런 혁신이 없었으면
21세기 기술과 소비자 형태가 변하는 시점에 BBC는 위기에 직면
했을 것이다.

PC에서 시작하여 휴대폰과 태블릿을 통한 소비자의 인터넷 사용
이 증가하는 환경에서 온라인 접근 방법이 없었다면 BBC는 시대착
오적인 매체가 될 수 있었다. BBC 온라인 뉴스는 영국 전체 시장의
점유율과 같은 영국 뉴스 시장의 약 30%를 점하고 있다. 이 사실은
자연스럽게 BBC와 경쟁으로 인터넷상에서 수익 모델을 찾을 수 없
는 신문사로부터 상당한 비판을 받았다.

다른 국가에서도 유사한 사례를 볼 수 있긴 하지만 다른 국가들
은 BBC와 같은 매체를 가지고 있지는 않다. 이 문제는 큰 시각에서
보면 인터넷 매체의 유료화에서 비롯된 것이며 BBC 때문은 아니

다. 또한, 인터넷에서 혼합경제(유료와 무료)로 인하여 온라인 시장
이 수익을 찾기 어렵다고 하는 주장은 거의 없다. 말하자면, 영리
병원의 수익을 확보해 줄 여지를 마련하기 위하여 NHS를 기반으로
한 의료제도를 축소해야 한다고 주장할 수는 없다. 중요한 것은 대
중의 복지적인 측면이며 이런 관점은 방송이나 인터넷 분야도 동일
하다. 나는 공공부문의 독점은 건전하지 않으며 이 분야에서 공민
영 혼합 제도를 주장한다.

요즘 사람들은 점점 더 오디오나 비디오 서비스를 방송이나 녹화
물보다는 온라인을 통해 소비 한다. 대부분은 무료이다. 소비자들
은 유료 서비스나 광고를 보는 것을 선호하지 않는 것으로 알려지
고 있다. 단순한 가입 절차도 사람들은 싫어한다. 또한 TV 시청행
태는 점진적으로 VCR과 디지털 미디어를 통한 시간 이동형(time
shifting) 매체로 소비되고 있다. 현재 약 10~15%의 TV 시청행태
가 이러한 패턴을 나타내고 있다. 그러나 광고를 기반으로 하는 프
로그램에서는 소비자들이 지속적으로 광고를 건너뛸 수 있기 때문
에 새로운 문제를 야기하고 있다. 내 아내는 나에게 ITV 다시보기
프로그램(ITV player)에서 광고를 보는 것은 이상한 일이며 좋아하
지 않는다고 말했다. 그녀는 또한 이러한 일은 과거의 TV 전성시대
와 비슷하다고 말하였다.

이런 변화를 고려할 때 전통적인 TV가 기술적인 발전을 하였다
고 하지만 일상생활에서 아직 중요한 역할을 유지하고 있는 것은
다소 놀랍다. 유튜브를 포함하여 인터넷의 성장을 고려했다면, 10

년 전 나는 1인당 TV 시청시간이 지금과 같이 성장하지 않을 것으로 예상했을 것이다. 그러나 이러한 현상이 발생하고 있다. 10년 전 1일 평균 3.6시간에서 요즘은 1인당 1일 4시간 TV를 시청하고 있다. 이것이 영국인의 TV 시청행태이다. 새로운 디지털 시장이 성장함으로써 TV 시청시간은 줄지 않고 오히려 증가하고 있다. 급속히 증가하는 새로운 TV 시청행태는 TV를 시청하면서 핸드폰이나 태블릿을 통해 동시에 인터넷을 사용한다는 것이다. 합법 또는 불법적인 형태의 디지털 뮤직 접근방법이 급속히 증가하면서 전통적인 라디오 청취율도 약간은 줄었지만 견고하게 유지되고 있다.

물론 BBC는 프로그램 유통매체라기보다는 콘텐츠 제공자이다. 따라서 BBC 제작물을 소비자들이 어떤 형태로 소비할지는 중요하지 않다. 그러나 BBC의 수신료는 TV를 기반으로 하고 있기 때문에 대중들의 TV 시청행태가 변화하는 것은 공영방송 제도를 기반으로 하는 BBC를 위협할 수 있다. 앞으로 이러한 일이 발생할 수도 있지만 현재는 일어나지 않고 있다.

대형 TV의 가격이 하락하고 있고 TV가 인터넷과 결합함으로써 우리의 생활에서 TV가 중요한 역할을 하고 있다는 데 의심의 여지는 없다. 이러한 현상은 2017년 BBC 수신료 갱신 이후에도 유지될 것 같다. 어느 날 영국 가정에서 보편적 서비스를 제공하는 전통적인 TV 서비스가 중단될 수 있으며 따라서 현재의 수신료 제도를 유지하는 것이 불가능한 날이 올 수 있다. 다행히 2017년까지는 일어나지 않을 것 같다. 필요한 만큼의 수신료를 실제로 부과할 수 있는 가능성은 당분간 없어 보인다.

▌BBC 지배구조에 대한 토론

새로운 BBC 면허장 갱신을 논의할 때 항상 치열한 찬반양론의 대상이 되고 있는 BBC 지배구조에 대하여 논의하려고 한다. 나는 BBC와 BBC의 목적을 일반적으로 지지하는 국민과 정치인들이 'BBC 지배구조'에 대해 상대적으로 비판하는 것을 보고 놀랄 때가 있다. 대중을 위한 서비스를 수행하고 대중의 신뢰를 확보하는 데 성공하는 문제와, 지배구조가 독립성을 갖는 문제는 관련성이 적어 보인다. 또한 BBC 경영자(BBC management)들은 종종 BBC 지배구조를 지지하는 데 미온적이다. 왜냐하면 부분적으로 경영자들은 과거 BBC 경영위원회와 BBC 트러스트 위원들은 프로그램이나 시청자와 관련성이 낮다고 보기 때문이다. 또한 자율규제는 영국에서 선호하는 행태이기 때문이다. 현재의 BBC 지배구조에서 BBC가 대중에게 좋은 서비스를 제공하고 현재의 지배구조가 지난 10여 년간 크게 변하지 않았다는 것은 분명이 우연이 아니다.

지난 BBC 면허장 갱신 기간 동안 BBC 경영위원회(Board of Governor)는 BBC 트러스트로 대체되었지만, 나는 BBC 지배구조에 근본적인 변화가 있다고 생각하지 않는다. 결정적으로 BBC 지배구조의 핵심인 위원장의 역할은 기본적으로 변하지 않았다. 위원장과 BBC 사장의 관계는 항상 BBC의 성공에 중요한 사항이었으며, 위원장의 많은 업무는 비공개적으로 수행되는 경우가 있다. 그리고 BBC 트러스트가 과거의 제도에 비해 독립적으로 구성되었으며 BBC는 기본적으로 자율규제를 계속하고 있다.

BBC의 어떤 지배구조 형태가 만들어지더라도 최소 세 가지 목적을 수행하여야 한다.

1. BBC 지배기구는 BBC프로그램, 특히 뉴스 프로그램이 정치적으로 독립될 수 있도록 해야 한다. BBC는 공공조직이지만 국영방송이 아니다. BBC는 공익을 위하여 존재하며 정부를 위해 존재하는 것은 아니다. 만약 이러한 원칙에 대한 수신료 납부자의 믿음이 사라진다며 우리는 BBC를 폐쇄하여야 한다.

2. BBC 지배기구는 BBC가 양질의 그리고 차별적인 프로그램을 만들 수 있도록 확신을 주어야 한다. 경영자는 경쟁구조와 경영자로서 실적 문제 때문에 시청률을 최대화하기 때문에 이 사항은 끊임없는 전쟁과도 같은 문제이다.

3. BBC 지배기구는 BBC가 수신료 납부자에게 수신료의 가치를 제공할 수 있도록 확신을 주어야 한다. 시장에 영향을 받지도 않고 생산성을 정확히 평가하기 어려운 큰 조직으로서 이것은 항상 쉬운 문제는 아니다.

현재의 BBC 지배기구는 종종 비판은 받았지만 세 가지 요건을 대체적으로 잘 수행하였다고 주장하고 싶다. 물론 BBC가 잘못한 사례도 있으나 공개적으로 공정한 방법으로 잘못된 부분을 수정하려고 항상 노력하였다. 이러한 스스로의 자정노력은 결코 어느 조직과도 비교할 수 없다. 물론 대중들은 이 부분을 잘 알고 있으며 이것이 가장 어려운 시기에 BBC가 신뢰성을 유지하는 이유다. 2004년 휴턴 청문회로 인한 비판에도 불구하고 BBC에 대한 신뢰도는 이미 높았으며 다른 조직의 신뢰성이 급속히 감소하는 2011년까지 더욱 높아졌다. 과거의 유사한 사례와 같이 최근의 BBC 악재 기간 동안 BBC 신뢰성은 떨어졌으나 다시 반등하기 시작하였다.

NHS를 제외하고 민간이나 공공분야 상관없이 지금까지 주장한 바와 같이 BBC와 유사한 조직은 없는 것 같다. NHS는 지배구조에 의하여 탄생한 것이 아니며 NHS로 인해 운영을 위한 지배구조가 만들어졌다. NHS를 방어하기 위한 사람보다는 NHS를 성공적인 조직으로 만들려는 사람들에게 이 문제에 대한 중요한 의무가 있다.

비평가들은 다음과 같은 BBC 지배기구의 단점을 주장하고 있다.
1. 비판론자들은 BBC 지배구조가 포획되어 가고 있다고 말한다. 즉 BBC 트러스트는 공공의 이익보다는 경영자의 이익을 위한 결정을 한다.
2. 비판론자들은 BBC 지배구조가 BBC 임직원들이 BBC 서비스를 충분히 제공하기 위한 추가 재원을 구비하는 데 충분한 토

론의 장을 만들어 주지 않는다고 주장한다.

3. BBC 지배구조가 공적인 업무 서비스로 인해 민간 서비스와 경
   쟁하게 되고 퇴출될 수 있는 민간 사업자의 이익을 고려해주지
   않는다고 주장된다.

면밀히 살펴본다면 나는 이 주장에도 단점이 있으며 공영방송을
대체할 어떤 대안이 더 좋다는 증거는 없다고 생각한다. 다른 대안
들이 현재 BBC제도보다 더 투명성을 보장할 수 없으며, 민간에 더
포획될 수 있으며 더 관료적 행태를 보일 수 있다. 또한 앞에서 언
급한 것과 같이 대안들은 현 제도의 구심적인 위원장과 타협하는
경향이 있을 수 있다.

현재 외형적으로는 완벽해 보이는 새로운 지배기구에 대안 제안
이 있다. 마크 올리브(Mark Oliver)가 제안한 '공공분야 방송 트러
스트(Public Sector Broadcasting Sector)'는 모든 공영방송을 관장
하고 BBC에 대한 중요한 문제를 정부에 의견을 제시한다는 개념이
다. 그러나 BBC 내부 위원회와 역할에서 혼동을 초래할 수 있다.
변화를 위한 변화는 항상 정치인들에게 유혹적일 수 있으나 상당한
대가를 치를 수밖에 없다.

내가 위원장이었을 때, BBC 경영위원회 유지를 지속적으로 주장
하였으며, 우리가 실수를 한 부분은 BBC가 독립성을 유지할 수 있
다고 생각한 것이다. 그레그 다이크 사장은 BBC 경영위원회를 지
지하지 않았으며 그는 외부에서의 간섭이 적은 외부 규제모델을 선

호하였다. 그레그는 BBC 경영위원회 위원장과 업무를 잘 수행하였으며 BBC가 창조적 조직이 되지 않으면 아무것도 될 수 없다는 조직문화를 만들고자 노력하였다. 그러나 BBC 경영위원회와 관련 회의에서는 만족스럽지 않았다.

나는 오프콤이 공영방송 제도에 대한 강력한 지지자라고는 생각하지 않는다. 비록 오프콤이 만들어진 이후 업무수행 과정을 통해 포획될 것이라는 비판은 많이 약화되었지만 나는 오프콤이 민간 기업에 포획될 것이라는 생각을 가지고 있다.

BBC의 오랜 전통을 기반으로 나는 감사원(National Audit Office)이 BBC 재무활동을 감사하는 것은 허용되지 않아야 한다고 주장하였다. 왜냐하면 나는 감사원은 수신료의 가치를 생각하는 일상적인 지출활동 감사보다는 민감한 사안에 대한 감사를 하는 경향이 있다고 믿기 때문이다. 감사원에 대한 회의적인 견해는 BBC의 회계에 대한 정치적 비판론을 유지하는 것이 불가능하게 되었다. 아직 이러한 변화를 지켜보아야 한다. 이미 몇 가지 정치적으로 민감한 사안들이 있었으나 돌이켜 보면 의미 있는 일은 거의 없었다.

지배구조에 대한 나의 마지막 견해는 다음과 같다. 생산물을 소비자에게 판매하고 수익을 추구하는 민간 독점이나 과점기업과 BBC는 차별화된다. 에너지 기업이나 철도분야에서 본 바와 같이 주주의 이익을 보호하는 것과 공익을 보호하는 것에는 상당한 차이점이 있다. 주주의 이익은 이사회와 이사장에 의해서 보호될 수 있으나, 공익은 규제에 의하여 보호된다. 이 두 문제는 전혀 다른 문제이다.

반대로 BBC의 경우 주주와 공익이 명확히 구분되지 않으며 하나이면서 동일하다. 그러므로 규제기관과 지배구조를 구분할 필요가 없다. 나는 지금까지 이 차이의 중요성을 주장한 적은 없지만 이것은 중요한 사실이라고 나는 계속 믿을 것이다.

▌새로운 미디어 환경에서 공영방송의 경제학

나는 공공재원으로 운영되는 BBC의 미래에 핵심적인 주제가 되고 있는 방송의 경영적인 측면에 대하여 언급하려고 한다. 앤드류 그레이엄(Andrew Graham)과 나는 이 문제에 대하여 1990년대에 기술한 바 있으며 방송은 고전적인 공공재로서 영국에서는 대중들에게 무료로 제공되어야 한다고 주장하였다. 그때 방송은 경제학자들이 정의하는 바와 같이 공공재의 기준을 충족하였다. 한 시민에게 제공되었을 때 다른 시민에게 제공되는 것이 제한되지 않기 때문에 비배제성의 성격을 가지고 있었다. 그리고 한 시민의 방송에 대한 소비가 다른 방송에 대한 소비를 제한하지 않는 비경쟁성의 특징을 가지고 있었다.

또한 스카이 위성방송과 같이 큰 방송사를 설립하는 것은 독점을 형성하는 규모의 경제 효과를 가질 수 있다고 지적하였다. 이런 산업은 완전경쟁이 어려우므로 규제 없는 완전시장 경제에 남겨 둘 수는 없다. 마지막으로 방송은 상당한 외부성 효과를 가지고 있다고 주장하였다. 특히 뉴스와 영국 시민들에게 교육적인 기능을 수행하는 공영방송의 역할은 건전한 민주주의의 핵심이라고 믿었다. 이러한 주장들은 방송이 다른 매체들과 다르며 상업매체와는 다르게 운영되어야 한다는 의미이다.

1990년대 후반에 내가 위원장으로 수행했던 BBC에 대한 정부보고서에서 신기술이 위성방송, 다채널방송, 인터넷에 영향을 미치지만 BBC의 위상은 유지되어야 한다고 주장하였다. 이 주장은 새로운 방송서비스가 생성되는 시기에 BBC 수신료를 인상하는 데 적용되었다. 문제는 공공재로서 방송과 인터넷 서비스를 제공하는 데 전통적인 논리가 변화되는가 하는 것이다. 나는 일반적으로 이 주장은 변하지 않았다고 믿는다.

전통적인 방송이나 인터넷을 통해 공적인 정보를 제공하는 데는 아직 외부성이 존재하는 것은 분명하다. 프로그램 서비스를 제공하거나 인터넷 콘텐츠를 제공하는 데 사용자 관점에서는 한계비용이 거의 들지 않는다. 물론 콘텐츠가 인터넷을 통해 제공될 때 일정 부분 한계비용은 있지만 콘텐츠를 제작할 때 비용에 비하면 상대적으로 미미하다. 이것은 전통적인 공공재로서 특성을 가지고 있다는 것을 의미한다. 그러므로 많은 논리들은 거의 변하지 않았지만 한가지 논리는 변하였다. 지상파방송이 보편적 서비스라는 논리는 디지털환경에서 더 이상 사실이 아니다.

디지털 서비스와 인터넷 서비스는 비용을 지불하는 사람들에게만 제공되는 것이 사실이다. 달리 말하자면 사람들이 BBC 서비스를 일시불로 전체적인 서비스를 제공받거나 채널과 서비스별로 가격을 지불하는 것이 가능하므로 BBC 재원을 유료 서비스로 제공하는 것이 가능하다.

유료 서비스는 사람들이 원하는 서비스만 비용을 지불하기 때문에 분명히 장점이 있다. 유료 모델에서 수신료와 같은 강제 징수의 문제는 사라지며, 수신료를 지불하지 않으려고 하는 사람들과 심각한 문제는 없다. 문제는 내가 위원장이었을 때 한 조사에 따르면 60~70%의 사람들이 150파운드라는 현재 수신료와 비슷한 금액으로 BBC의 모든 서비스를 제공받고자 하는 것으로 답하였다는 것이다. 이것이 사실이라면 현 BBC 수입의 상당한 감소가 예상되기 때문에 BBC 서비스의 감축이 불가피하다. 이 문제를 해소하기 위하여 유료 서비스 비용을 증액한다면, 가입자 숫자는 감소할 것이며 BBC는 더 이상 보편적 서비스가 아니게 된다.

또한 BBC가 유료 서비스 모델로 된다면 상업적 활동은 불가피하다. 왜 유료 모델을 기반으로 한 BBC가 축구나 영화 프로그램을 유료 가격으로 판매하는 것이 불가능하겠는가? 결국 이 문제는 BBC 조직을 근본적으로 변화시킨다. 마지막으로 서비스 제공에 한계비용이 거의 들지 않는 유료 서비스를 제공하는 것은 경제적으로 비효율적이며 사회적 비용을 수반하게 된다. 우리는 지금까지 BBC를 유료 서비스 제도로 전환하는 것에 대해 많은 사람들이 호응하고 있다는 것을 알고 있으며, 이는 현 수신료 제도에서 가장 유력한 대안임에 틀림없다. 그러나 BBC의 보편적 서비스로 인하여 얻는 모든 효과를 원한다면 유료방송 제도는 정확한 답을 제공할 수 없다.

▌BBC 서비스의 차별성

마지막으로 BBC를 논의할 때 핵심 주장인 BBC의 차별성에 대하여 언급하려고 한다. 물론 이 주제는 공익성이라는 문제로 귀결된다. 만약 BBC가 상업시장에서 제공하는 또 다른 서비스를 제공한다면 BBC의 미래는 없다. 이런 관점에서 BBC는 항상 비판되었다고 나는 생각한다.

위원장 초기에 나는 영국의 젊은 세대, 북부 지역, 이민자를 포함하는 소수 그룹보다는 중산층을 대변하는 기관으로 BBC 업무를 제안하여 실패한 부분이 있다. 이 사항은 많은 경영위원회 위원들과 경영자들도 믿고 있었으며 이런 사례를 보여 주는 자료들이 있다. 나는 이 주제는 아직도 논쟁의 소지가 있는 주제라고 생각하고 있다. 다이크 사장은 BBC 서비스가 사회적 소수자들에게 관심을 가지지 못한다면 수신료 제도는 유지될 수 없다고 정확히 예견하고 있었다. 그러나 나의 이야기는 콘텐츠에 대해 완전히 잘못된 이미지를 남겼다. BBC 콘텐츠의 차별성에 대한 나의 견해를 잘못 이해한 부분이 있었다.

BBC가 직면하는 가장 어려운 문제 그리고 항상 직면하는 문제는 BBC 콘텐츠를 통해 일반 시청자들을 만족시키는 동시에 독특하고 창의적인 콘텐츠를 제공하는 것이다. 두 가지 중에 한 가지만을 수행하는 것은 충분하지 않다. 두 역할을 수행하여야 한다는 것을 불가피하게 어떻게 균형을 맞추어야 하는가 하는 문제로 이어지며 이것은 항상 논란거리다. BBC 서비스의 차별성은 엘리트주의를 의미하지 않으며 모든 면에서 요구되는 것은 아니다. 그것은 계층의 이해관계 없이 진지하게 모든 시청 계층의 요구를 수행하는 의무를 말한다. 때로는 개별 또는 모든 프로그램과 채널에서 모든 시청 계층을 만족시키는 노력이 필요하다. 많은 BBC 사장들이 지속적으로 노력하였지만, 시청률은 극복하기 어려운 문제이다. 2010년 "채널의 변화(Changing the Channel)"라는 보고서에서 마크 올리브는 다음과 같이 언급하였다.

BBC 경영자들은 시청률 자료를 매일 받을 수 있으나, 주간 월간 자료는 경영측면의 의사결정 자료로 사용되어야 한다. 최악의 경우, BBC의 지출에 대한 가치와 평가는 양질과 독창적인 프로그램을 전달하는 데 드는 비용을 비교하기보다는 각 시청자당 또는 청취자당 기준으로 사용될 수도 있다. 이러한 상황은 BBC를 시청자 도달률을 우선시하고 양질의 독창적 프로그램 부문을 그 다음 순위로 하는 조직으로 간주하는 경향이 있다. 하지만 BBC는 양질의 독창적 프로그램을 만드는 것이 우선되어야 하며, 시청률과 시청자들에 대한 도달 문제는 최소한의 조건을 갖추어야 한다.

데이비드 아텐버러(David Attenborough)의 '아프리카(Africa)'나 미란타 하트(Miranda Hart)의 '미란다(Miranda)'와 같은 웅장하

고 독특한 프로그램은 높은 시청률을 넘어서는 의미가 있다. BBC 경영자들은 이런 중요성을 잘 알고 있으며, BBC 트러스트에 의하여 더욱 강조되어야 하는 책무이다.

▮ 결 론

내가 지금까지 언급한 많은 이슈들은 익숙한 주제들이다. 근본적인 기술 환경 변화에도 불구하고 BBC의 공영방송의 역할은 변하지 않았다고 나는 주장하였다. 기술 변화는 BBC의 다양한 서비스를 제공할 수 있도록 변화시켰지만 무료 보편적 서비스를 기반으로 고품격의 독창적 프로그램을 제공하는 역할은 변하지 않았다. TV 시청은 가시적으로 증가하고 있으며 유료 서비스 제도는 보편적 서비스를 제공하기에는 적합한 대안이 아니므로 수신료 제도는 없어지지 않을 것 같다. BBC는 대중의 신뢰를 확보하고 유지되어야 할 충분한 이유가 있기 때문에 BBC 지배구조의 독립성은 중요하다. 방송과 인터넷 서비스는 더 이상 공공재가 아니라는 주장은 의미가 없다. 왜냐하면 상업방송은 BBC가 수행하는 역무를 수행할 수 없기 때문이다.

2004년 1월 24일 BBC에서 사임할 때 새벽 4시 휴턴 보고서를 미리 읽어보면서 퇴임사를 급히 적었다. 퇴임사의 일부분을 인용하면서 이 글을 마무리하고자 한다.

BBC는 정부에 의해 소유되지 않으며, 지배구조에 의하여 영원히 유지되며, 영국 국민들을 위해 운영된다. 영국 국민들은 BBC의 존재를 너무 당연시하여서는 안 된다. BBC는 상업방송이나 공영방송의 원칙을 이해하지 못하거나 공감하지 못하는 사람들로부터 종종 비판의 대상이 되고 있다. BBC가 비판의 대상이 되고 있을 때 BBC에 우호적인 사람들은 가끔 침묵한다. BBC 면허장 갱신 문제가 논의되고 있는 가운데 BBC를 사랑하는 침묵하고 있는 대중들은 자신들의 견해가 반영될 수 있도록 해야 한다. 그렇지 않으면 BBC의 미래는 보장될 수 없다.